新时代高校教育管理体制与教学改革研究

卢兴光◎著

吉林出版集团股份有限公司
全国百佳图书出版单位

图书在版编目（CIP）数据

新时代高校教育管理体制与教学改革研究 / 卢兴光著. -- 长春：吉林出版集团股份有限公司，2023.6
ISBN 978-7-5731-3399-1

Ⅰ.①新… Ⅱ.①卢… Ⅲ.①高等学校—教育管理—研究 Ⅳ.①G640

中国国家版本馆CIP数据核字(2023)第093452号

XINSHIDAI GAOXIAO JIAOYU GUANLI TIZHI YU JIAOXUE GAIGE YANJIU
新时代高校教育管理体制与教学改革研究

著　　者：卢兴光
责任编辑：孙　璘
封面设计：雅硕图文
版式设计：雅硕图文
出　　版：吉林出版集团股份有限公司
发　　行：吉林出版集团青少年书刊发行有限公司
地　　址：吉林省长春市福祉大路5788号
邮政编码：130118
电　　话：0431-81629808
印　　刷：长春市华远印务有限公司
版　　次：2023年6月第1版
印　　次：2024年1月第1次印刷
开　　本：720 mm × 1000 mm　　1/16
印　　张：9.5
字　　数：150千字
书　　号：ISBN 978-7-5731-3399-1
定　　价：78.00元

版权所有　翻印必究

前　言

新时代经济全球化、技术高新化等促使高校教育大众化，在此背景下，高校教学质量与人才培养模式备受人们关注。如何进行教育管理体制与教学改革，充分发挥高校的育人作用，促进高校教学活动按部就班进行，达到国家所制定的教学目标是亟须解决的问题。任何体制和模式的改革与创新都难以与所处的时代背景割裂开来，本书以教学为核心，在新时代高校所面临的机遇与挑战的背景下，将培养与时代需求契合的高素质的复合型人才作为根本任务，以期进一步提高高校教育管理体制与教学改革的整体质量。

本书共分为七章：第一章简要阐述了高校教育管理体制与教学改革的相关理论基础；第二章至第四章从高校教育成本、院校两级和学生三个层面出发，结合教育管理现状，探讨新时代背景下高校教育管理体制改革的具体方案；第五章至第七章基于研究性学习、慕课（MOOC）和翻转课堂，探讨了教学改革的可行性与必要性，探索了高校教学改革的三种路径。本书强调深化高校教育管理体制与教学改革，以及改革的科学化、规范化，具有一定的指导意义。

本书在撰写过程中，参考了大量新的研究成果，在此向进行研究的专家学者表示谢意。由于时间仓促，加之笔者水平有限，书中难免存在不足之处，希望读者批评指正，使本书臻于完善。

本书由"河南理工大学能源经济研究中心"资助。

目 录

第一章 高校教育管理体制与教学改革概述 ………………………… 1
    第一节 高校教育管理体制的理论基础 ……………………………… 1
    第二节 高校教学改革的理论基础 …………………………………… 6
    第三节 中西方高校教育管理体制与教学改革的经验借鉴 ………… 10

第二章 高校教育成本管理体制 ……………………………………… 19
    第一节 高校教育成本管理的相关理论 …………………………… 19
    第二节 高校教育成本管理体制现状 ……………………………… 28
    第三节 高校教育成本管理体制改革路径 ………………………… 31

第三章 新时代高校校院两级管理体制 ……………………………… 35
    第一节 新时代高校校院两级管理相关理论 ……………………… 35
    第二节 新时代高校校院两级管理体制现状 ……………………… 41
    第三节 国外高校内部管理模式的主要特点及对我国的启示 …… 49
    第四节 推进我国高校校院两级管理体制改革的对策路径 ……… 53

第四章 新时代高校学生管理体制 …………………………………… 61
    第一节 新时代高校学生管理相关理论 …………………………… 61
    第二节 新时代高校学生管理体制现状 …………………………… 66
    第三节 新时代高校学生管理体制改革路径 ……………………… 70

第五章 基于研究性学习的高校教学改革 …………………………… 77
第一节 研究性学习的内涵和特点 …………………………… 77
第二节 基于研究性学习的高校教学改革的可行性及必要性 ……… 81
第三节 基于研究性学习的高校教学改革探索 ………………………… 86

第六章 基于MOOC的高校教学改革 …………………………… 97
第一节 MOOC的内涵和特点 …………………………… 97
第二节 基于MOOC的高校教学改革的可行性及必要性 …………102
第三节 基于MOOC的高校教学改革探索 …………………………109

第七章 基于翻转课堂的高校教学改革 …………………………119
第一节 基于翻转课堂的高校教学改革理论基础 …………………119
第二节 基于翻转课堂的高校教学改革的可行性及必要性 …………125
第三节 基于翻转课堂的高校教学改革探索 …………………………132

参考文献 …………………………………………………………141

第一章 高校教育管理体制与教学改革概述

第一节 高校教育管理体制的理论基础

任何改革都应当以客观、科学的理论作为基础，高校教育管理体制改革也不例外。高校教育管理体制的理论基础如下。

一、信息不对称理论

高校教育管理中的信息不对称是设计教学管理机制的依据之一。非对称性信息的存在对管理与工作过程提出了机制设计的要求。信息不对称是相对于信息对称而言的。信息对称的定义，是指在一种相互对应的教学管理与被管理关系中，被管理者和管理者都掌握对方所具备的信息度量，即被管理者和管理者双方都了解对方所拥有的知识和所处的教学环境。信息对称可以分为以下三种情况：第一，被管理者和管理者都没有掌握相关信息的所有信息环境，即双方都处于"无知"状态；第二，被管理者和管理者都拥有相同或相似的度量信息的环境，即被管理者知道并且管理者非常了解该信息；第三，双方都拥有完全信息环境，即有关教学的所有情况，被管理者和管理者都了解得一样清楚。显然，教学管理中的完全信息对称是管理中的理想状况，但是在一般情况下，任何组织的管理者都难以实现管理信息的完全对称。那些看起来处于信息对称状态的管理情境，在许多情况下都是虚假的。例如，教师手中的教案，就它所呈现出来的内容来看，教师和教学管理者都似乎具有相同的信息量。但实际上关于这个教案的其他相关情况，如新准备的教案是全新的还是老教案的翻新，是其他教案或教科书的抄袭还是教师的独立研究之结果，教学管理者对这些具体内容往往是说不清楚的。因此，表面上的信息对称往往掩盖了很多不对称的信息，从而形成实际上的信息不对称。

信息不对称在高校教学管理中普遍存在，无论做出怎样的努力，这种情况都是难以避免的。假设教学管理者当时处于教学的现场，也不一定与教师拥有对等的信息。例如，教学监督团的成员在教室后面听课，看起来课程的所有信息都在监督团的掌握之中。实际上，第一，任何处于现场之中的人，也只能掌握他选择性知觉所指向的信息，而不是信息的全部。第二，旁观者只能看到教师在课堂上所表现出来的那些信息，却无法了解那些未被表现出来的信息，如此时此刻授课教师内心对听课教师的真实感受，以及有他人在场时所故意做出的表演。第三，听课教师对授课教师整个课堂教学只能了解到其中一个片段，即四十五分钟的教学，而不能从这仅仅四十五分钟的教学过程中推断出教师整个的课堂教学态度和教学水平。因此，教学监督团的随堂听课，充其量只能了解教师大致的教学水平、教学业务能力，而不可能了解教师的职业精神、职业态度和职业道德，这些不是一个短时段的观察所能够了解的。即使教学监督团通过观察发现某堂课的教学是高水平的或低水平的，那也不能说明这个教师所有的课堂教学都是高水平的或低水平的。倘若有一套有效的机制，一旦教师接受了教学任务，则这套机制就开始发挥作用，使得教师不能不尽最大的努力来进行教学，那么那些流于形式的教学监督之类的活动就可以休矣。其实，高等学校教学的专业化，也使所谓参与教学监督的专家更加难以把握其他学科的教学内容，除非是一个百科全书式的全才。

信息不对称有两种情况：一是不对称信息发生的时间，即从发生之日起，不对称信息可能发生在双方合作之前（事前不对称）或双方合作之后（事后不对称）；二是不对称信息的内容，即不对称信息是指一些参与者行为具有不可观测性，或者参与人的知识不同。因此，管理机制设计就包括事前非对称信息的管理机制、事后非对称信息的管理机制、隐蔽行动的管理机制及隐蔽信息的管理机制。新教师的聘用就属于事前的非对称信息管理问题；教师的续聘则属于事后非对称信息的管理问题；学生论文的辅导及教研的展开，属于隐蔽行动的管理机制问题；教学价值观及与之相对应的教学观念等，则属于隐蔽信息的管理机制问题。机制设计的目的是使这些不可观察的信息或故意隐藏的信息出现，或使故意隐藏信息的人遭受更多的损失而不是更少的损失。有效的教学管理机制意味着，不管被管理者如何隐蔽信息，其结果都将会是一样。如此一来，信息的隐蔽便会成为多余。市场机制可以说是一个典范，使用者通过对产品的评判，自主地决定是否购买该产品。在这种情况下，信息的隐蔽固然可以欺骗顾客一次，但大概也就一次而已。政府对市场的监管将对这类隐蔽的信息进行处罚。总体上可以将课堂教学视作教师劳动的产品，而将使用权赋予学生。这样教师的劳动产品即课堂教学，如果不能够满足学生求知的需要，那么随之而来的处罚将会是没有学生继续选修该教师的课程。

二、委托—代理理论

在委托-代理理论中，一个委托-代理模型一般由三个部分组成：委托人的期望函数、代理人的参与约束和代理人的激励相容约束。学校举办者是委托人，学校的管理者和教师是代理人。实际上，这里面有多重代理关系。就政府作为举办者来说，政府是委托人，而学校的校长是代理人，然而校长不可能承担起全部的日常管理事务和教学事务，他需要进一步地把高校的各项工作委托给下一层级的管理者直至教师。这样对于高校的举办与管理来说，就存在着多重的机制设计问题。而就本主题来看，核心的代理关系是学校教学的管理者作为委托人与教师作为代理人之间的委托—代理关系。教学管理者必须设计出一套管理机制，来消除教学过程中的各种违规行为。在学校管理激励中，如何防止管理过程和教学过程中存在的道德风险问题发生，是管理激励中必须解决的问题。不仅教师在教学过程中有道德风险，而且管理者的管理工作中也有道德风险。实际上，存在违规风险的不仅仅是教师，也包括学校教学管理系统中各个管理层级的教学管理者。

一方面，作为委托人在进行教学管理时，必须通过制度安排，使教师将参与教学工作作为自己的选择。高校教师有三大职责，即教学、科研和服务社会。一个具有激励性的教学管理机制，应当使高校内部的绝大多数教师把教学作为最优选择。当然，这里还牵涉学校的办学定位，以及如何处理好教学与科研的关系问题。良好的机制在于使教师能够在教学、科研与服务社会这三者之间进行适当的平衡和兼顾，而不只是选择某一个方面。倘若绝大多数教师倾向于做出指向集中的单一选择，那么显然机制本身就可能有问题了。另外，必须使教师在选择教学作为最优选择的同时，还能够努力地或者以较多的精力来投入教学工作。然而许多教学管理者在面对教师工作积极性不高的问题时，往往采取对教师素质进行抨击的策略，而不是去反思。他们或许没有想到教师素质高低与否，并不是教师教学积极性不高的根本原因，而是管理者在进行管理时没有设计良好的管理机制。

在学校管理中，无论对管理者还是对作为被管理者的教师来说，都面临着同样的激励与约束问题。当一个教师选择离开所在学校而另投他处时，当教师宁愿选择较少的报酬而不去从事课堂教学时，当教师一个个都争抢着去上课而置科研于不顾时，这些恐怕都表征着教学管理机制本身的问题。同样，当一个年轻的管理者离开管理队伍时，这种选择意味着现行的管理激励对管理队伍来说，不满足激励参加条件。就某个具体的离开者而言，可能是因为他的工作投入太多，而没有得到相应的收益。当管理干部仍在位却不去全力地管理工作时，说明管理干部没有工作的动力，因为努力工作与消极工作并没有多大的差异。

三、管理博弈理论

所谓的博弈是一个过程，在这个过程中，一些个人、团队或其他组织在一定的环境条件下，在一定的规则下，同时或连续地从他们被允许选择的行为或策略中选择和实施一次或多次，并提取相应的结果。它包括游戏的参与者、每个玩家可以选择的任何策略或行为集合、游戏的顺序或规则及游戏的结果和好处。博弈论是系统地研究面对博弈各方之间的情况时的战略、竞争或对策选择，以寻求博弈结果。

根据博弈论，参与博弈的各方所持有的关于博弈环境和博弈者状况的信息是影响博弈者选择和博弈结果的重要因素。在游戏中，最重要的信息之一是关于利益的信息，即每个游戏方在每个结果（策略组合）下的利益，不仅是关于其自身利益的信息，还有关于另一方利益的信息。第二个是关于游戏过程的信息，即每个玩家是否可以在行为之前看到其他玩家的所有行为。如果游戏方在采取行为策略之前完全理解另一方，则称游戏方拥有"完全信息"；如果它没有完全理解之前的所有游戏过程，则称游戏方拥有"不完全信息"。

在一个动态博弈中，对博弈方的决策、行为和博弈结果有很大影响的是各博弈方是否具有完全信息。"上有政策，下有对策"，这是典型的博弈态势。从教学管理的系统来看，教学管理者和被管理者互为博弈方。换言之，一方的策略选择，是在充分地考虑对方的可能性的策略选择之后而做出的。多次重复之后，双方会就某些选择形成平衡关系。在平衡的关系之内，任何策略大致都能够为博弈双方所接受。而一旦超越了已经形成的平衡关系，就会出现新的博弈。例如，在通常的情况下，教学管理者对教师的批评，在适合的场合下是能够为教师所接受的，而一旦越出了这个范围，教学管理者的批评就有可能引发被管理者和管理者之间的激烈冲突，而冲突本身也是策略选择。至少就管理者来说，这种冲突的策略选择仍是较优的，或者至少比不冲突要优。因为理性的人都会预料到，如果没有某种冲突来表达对批评程度的预判，那么接踵而至的将是更多的批评与指责。对于管理者来说，如果被管理者以某种冲突的方式来对待批评，而这种策略选择如果没有某种消极的后果的话，那么，他同样也将面临更多的冲突策略。为此，从管理的角度来看，管理者必须找到一个指向冲突的较优策略，如让被管理者做公开检讨，或者是基于某人在场的背景下的道歉。

在高校日常的教学生活中，我们可以经常见到教学管理者和被管理者（主要是教师）之间的相互指责。这种指责通常是指向某种现实的不能令人满意的教学状况。例如，当高校为迎接专业教学评估而提出的各种要求不能被满足时，教学管理者便开始以各种不同的方式对存在问题的教师进行批评（当然批评主要是背后的），而教师也同样会以各种要求的不合理性和烦琐性来批评教学管理层。从博弈论的角度来看，双方个体的选择都是理性的。对教学管理者来说，这样的指责可以巧妙地转移管理责任；而对教师来说，同样的指责也可以减轻心理上的负担和责任。指责所表明的是一种对待事态的观点，即是他人造成了现有的事态。教学管理者对于被管理者（教师）的指责，从根本上说，是因为他们忽略了教师也是博弈的参与方。

当高校的教学管理部门仅仅是通过下达文件的方式来进行教学管理时，他应该能够认识到被管理者（教师）所可能采取的对待文件的态度和策略选择。高校教学管理的形式主义所带来的，就只能是教师努力地去做教学工作的表面文章。从博弈论出发，教学管理的机制设计，就应当考虑到作为博弈方的被管理者可能会采取的应对之策。理性的有限性意味着任何可能的制度安排，都不可能把被管理者所有可能的对策因素都考虑进去，它总存在着可被钻的"空子"。而一个理性的行动者往往正是通过发现制度本身可能存在的"空子"而使自己的收益最大化，同时使得组织的收益降低到一个尽可能小的程度。

第二节　高校教学改革的理论基础

一、"实用主义"教育理念

杜威是"实用主义"教育理念的代表。他反对简单地向学生传递和嵌入知识的传统教学，并认为这种行为"教育成人强制嵌入研究成果"，表明在学校发现知识的真正目的不是知识本身，而是学习如何创造知识以满足需要。杜威批评了传统的"听力"教育，倡导"以学生为中心"和"以活动为中心"的学习研究。杜威还根据学习主体的兴趣和经验，系统地、有计划地调查学习活动，并据此制定了"五步教学法"。

杜威所倡导的教学理念有两种："在做中学"及"生活就是教育"。他认为，应当从思维的角度看待教育，教育与思维拥有相同的要素，主要包括以下内容：一是学生需要真实、具体的体验；二是这种情况提出了一个真实的问题；三是学生调动所掌握的各种知识和材料对问题进行分析，并列出具体可行的解决问题的方案，必要的时候创造机会通过实际试验验证学生的方案。

杜威提倡学生应用探索式学习，其"五步教学法"包括以下内容：第一，问题的情况；第二，确定问题所在；第三，提出解决问题的各种假设；第四,预测每个步骤的结果,看看什么假设可以解决这个问题;第五,进行实验来证实、反驳或纠正这一假设。事实上,这一过程是遵循了学生思维和学习的规律。高校课堂教学改革必须在思想实践层面学习杜威的"五步教学法",在思想实践过程中引导学生的思想取向。

二、发现学习法

发现学习法是由美国心理学家布鲁纳提出的学习方法。布鲁纳认为,学生不仅应该成为知识的被动接受者,而且应该成为积极的发现者和信息处理者。教师的任务是创造一个学生可以自己学习的环境,而不是简单地提供或传授预先准备好的知识。特别应强调的是,教师应该首先提出一个可以解决的问题,然后帮助学生收集相关信息、积极思考,并尽可能地让学生"发现"概念和原则。

发现学习法的思想渊源可以追溯到古希腊哲学家苏格拉底的"助产术"教学方法和现代西方教育家卢梭和斯宾塞等的教育思想。然而,如今教师广泛使用这种方法是美国教育家布鲁纳积极调解的结果。布鲁纳的著名结论构成了发现学习法的理论基础。布鲁纳认为,学习和理解一般原则十分重要,但培养一种态度则更为重要,即探索新情况、做出假设、分散关系,以及利用自己的能力解决新问题或发现新事物的态度。

布鲁纳认为,教育者的任务是将知识转化为能够适应发展的形式,并将系统发展的顺序作为教学模式,以便学生能够利用发现学习法进行学习活动。所谓的发现,并不仅仅是指发现人类尚未发现的事物的行为,还包括个人用自己的头脑获得的各种形式的知识。例如,他根据孩子玩跷跷板的经验设计了一个秤,让他们调整重量的大小,以及重量和枢轴点之间的距离,这样孩子就可以找到并学习乘法的交换规则。最重要的步骤是:首先,让孩子开始活动;其次,运用想象力和方法;最后,使用数字。这就是发现学习法的基本教学步骤。

发现学习法提倡在课堂上充分利用学生的调查能力,让学生在调查中思考,参与知识获取过程。在笔者看来,学生应该努力做到这一点,并进行思考活动,而不是教师指导他们的一切行为。布鲁纳认为,学生在学习过程中的内在动机非常重要。发现激发促进了学生的内在动机，使他们对未知结果表现出兴趣。在寻找事物时，学生不可避免地会尝试以不同的方式组织和处理相关信息，以提高记忆效果。因此，发现学习法是一种让学生通过自己的经验和探索，激发自身兴趣，培养自身独立思考和探索性思维的教学方法。

结果表明，发现学习法有以下五个优点：第一，激发学生的智力潜能；第二，培养学生自我激励的内在动机；第三，帮助学生获得解决问题和探索技能的能力；第四，提高学生的责任感；第五，学习成果有利于学生的记忆保持。

发现学习法注重学生的知识结构和认知结构的契合度。布鲁纳认为，学生的自主性和探究能力在学习过程中十分重要，在解决问题的整个过程中，学生应该探索和发现事物的规律，找到解决问题的方法，使自己真正成为"发现者"。在高校教学改革中，应重视学生参与课堂和课外实践教学，使学生能够反思实践过程中的问题，提高教学信念。

三、建构主义教学理论

建构主义学习理论是以认知主义学习理论为基础的一种教学理论。它主张学生是信息的积极建构者，学习过程是学生根据自己的原始经验构建新的经验知识的过程；教师扮演着指导、协助和调节的角色，尽可能为学生创造一个真实的环境，提供交流、对话和合作的机会，并引导学生从原始知识和经验中不断发展新的知识和经验。

建构主义强调学习的主动性、社会性和情境性。我们相信结构是意义的来源，每个人都可以用自己的方式理解事物。在课堂上，学生不应该被动地"记住"知识，而应该忽视学生已有的知识和经验。正确的方法是充分利用他们现有的知识和经验，引导学生从这些知识和经验中创造新的内容和意义。同时，教师的角色也从知识的中介和灌输者转变为学生学习的教师、学生知识和意义建构的帮助者和调节者。学生是知识信息处理的主体，是有意义的活动的积极参与者。

建构主义教学理论非常重视创造一个支持学生学习的环境。因此，应该选择教学环境中的实际任务，而不是与学生的经验分离。以乔纳森的建构主义学习环境为例，人们认为学习环境应该包括以下要素：第一，问题或项目强调基于问题的学习；第二，在适当的情况下，相关案例将被用作"支持"，以支持相关的学生体验；第三，信息资源应为学生提供相关信息，帮助他们理解和解决问题；第四，认知工具，即能够实施和促进特定认知过程以帮助学生解决任务的工具；第五，交流与合作工具是促进共同学习环境和实施知识社会建设的工具；第六：社会或情境支持，包括物理基础设施、教师培训和准备。建构主义教学方法有：锚定法、支架法和随机教学法。

在高校教学改革中，应注重培养学生的问题意识，运用建构主义教学理念，使学生在解决问题的过程中提高对理论知识的理解和掌握。同时，高校应该利用信息技术和多媒体技术创设多元化的教学环境，提高教学效果。

四、多元智能理论

1983年，加德纳提出了重要的多元智能理论。该理论认为，智能是一种用来解决某一问题或者某种产品的能力，而在某一特定文化或环境中所说的某一问题和创造某种产品的能力是具有价值的。智能的基本结构是多元的，加德纳认为每个人都至少拥有七种智能，包括数理逻辑智能、人际交流智能、自知智能、空间智能、语言智能，以及音乐智能和身体运动智能。随着对于该理论的研究的深入，更多类型的智能被发现，将原有的智能分类改变，如加德纳在1996年提出了第八种智能——理解自然的智能。

多元智能理论对智力做出的定义与传统的定义方式有所不同。多元智能理论认为，智力是在一定社会和文化环境的价值标准下，人解决实际问题或生产、创造产品所需要的能力。智力是一组能力，而不是一种能力。但是智力并非以整合的方式存在，而是以一种独立的方式存在。

传统智力理论所认为的智力具有单一的性质、语言和逻辑智力具有决定性作用等观点都被多元智力理论打破。多元智力理论坚持智力是多种多样的，并有所不同。该理论将智力分为三大类别：第一是物体智力，包括视觉空间智力、身体运动智力、自然观察智力、逻辑和数学智力；第二是非物质智力，包括言语和语音智力、音乐和节奏智力；第三是人类智力，包括人际智力、自知智力和自我探究智力。

多元智力理论的存在导致了多种教学理念的产生。教师应根据学生的学习风格、学习兴趣，采用不同的教学理念。教师需要准确理解不同学生的不同认知风格，结合教学内容，创造有利于学生学习的多元化的教学环境。通过关注学生的实际需要，教师可以从多元智能中构建教学理念。多元智力理论的教学理念表明，应该为学生提供多种选择，营造适合学生学习的实际环境，扬长避短，帮助学生依据个人的认知过程创造性地对个人能力和特点进行探索，从整体上提高课堂教学效果，使学生更加有效地获得各种能力，学习各类概念。

第三节　中西方高校教育管理体制与教学改革的经验借鉴

我国的高校教育管理体制与教学改革取得了一定的成果，但仍然存在一定的问题。通过分析中西方不同国家的改革经验，把握其中的关键点，在办学体制、教学内容、教育方法等方面合理地借鉴，是十分重要和必要的。

一、美国高等教育管理体制与教学改革的经验和启发

（一）增强各类院校的办学自主权，扩大院系的学术权力

受到国家体系、社会经济发展状况等因素的制约，美国的高等教育管理体制主要由国家进行干预。其中，州政府拥有较大的权力，能够决定学校能否办学，并能够规范学校的办学条件等。除了这些权力，州政府还是高校办学经费的主要来源。在此基础上，高校自主构建各自的规章制度体系，在州政府的监督下对招生情况和科目进行统筹安排。美国的高等教育管理体制与教学改革具有一元化的特点，这种一元化的改革模式能够使政府与高等院校更紧密地联系，避免了众多不必要的冲突和矛盾，有助于调解矛盾，避免教育体制的僵化。但是这种行政权力与学术权力关联较为密切的改革方式存在一定的弊端，一方面权力集中在州政府，会使高校管理层失去存在性，另一方面会对学术活

动造成一定的阻碍。借鉴美国的改革经验，我国的改革有必要协调好行政权力与学术权力的关系，最大限度地发挥高校教育的有效性。

（二）建立社会参与机制

美国高等教育管理体制的一大核心特点是社会参与的全员性。一是对高校进行过捐助的集团能够以附加条款的方式，对高校的各项规章进行约束，制定规定。二是不同类型的职业公司能够采用游行、集会等形式，对学校的日常管理进行一定的干预。三是某些专业的评估组织，如果能提供令高校赞同的管理方案，就能够直接对学校的相关决策发挥作用。四是代表某一行业的协会，如美国教育协会、美国教师协会等，能够直接参与高校的日常管理。高校要想持久地发展下去，必须拥有广泛的社会支持。社会的全员参与能够有效保证高校决策权的科学、民主，还能够最大限度地调动多方力量为高校的教育工作贡献力量，有效地减少国家的财政支出。在经济全球化的背景下，教育也出现了全球化的趋势，社会的广泛参与在高校蓬勃发展方面具有极为重要的影响力。因此，高校教育管理体制与教育改革理应注重社会参与，避免高校教育工作与社会脱节。在确保高校的行政权力归属的前提下，应确保校内外人士的广泛参与。可建立集政府、高校、社会组织于一体的高校管理组织，确保社会层面的参与。同时，需有效完善社会监督机制。具有资质的组织或社会团体定期对高校的办学质量和效益进行评价，监督高校提升办学质量，规范高校的办学行为，引导高校的办学体制达到更高的基准点。

（三）构建市场适应体制

美国的教育管理体制和教学改革的突出特点是州政府的集权管理，这种管理方式具有独特的适应多样化，具体优势如下：第一，各州之间能够进行多样化的选择；第二，各个系统之间能够进行一定的竞争；第三，如果一个系统有所衰退，其他系统可以有所参考并能规避衰退带来的影响；第四，教育成果优秀的州的教育经验能够被其他州所借鉴，各州之间能够平等、和谐。州政府的集权管理具有一定的自主性和灵活性，同时展现出了激烈的市场竞争。

美国的教育管理体制和教学改革的启示如下：首先，高校应当对市场规律有深刻的认识和把握，将市场机制的运营效果发挥得更加显著，在此基础上更加科学、合理地配置教育资源，多维度地增强教育的实效性；其次，充分思考教育所培养的人才、研制出的科研成果怎样才能够在市场中发挥最大的效用。只有高校深入市场竞争，才能够不完全依赖于政府，依靠更多资源增强自身的实力。

二、瑞士高等教育管理体制与教学改革的经验和启发

（一）瑞士高等教育管理体制与教学改革的举措

1. 高等教育管理体制与教学改革的法律基础

1848年，瑞士联邦政府创建时，大部分州立大学依附于各州已存在了较长的时间，宪法更是规定州立大学的管辖权在大学所在州。这种瑞士联邦政府对各州立大学丧失话语权的情况一直持续至20世纪90年代。虽然20世纪60年代，发布了大学资助法案（LAU），但只是规定联邦政府对于州立大学经费方面的资助，相关管理政策并没有较大程度的改变。此后，虽然联邦政府也试图通过修改法条的方式对州立大学施加影响，然而由于瑞士联邦政体和"直接民主"决策形式的存在，这种意图仍然难以实现。

20世纪90年代后，国际、国内环境发生变化，瑞士的各州开始制定修改与大学相关的法条，给予各所大学在资金、内部组织和人员管理方面更大的自主权。与此同时，瑞士联邦政府也在加紧实施国家高等教育统筹发展战略。

2. 改革后的管理结构

经过高等教育管理体制与教学改革后，各所大学的行政事务仍然归属于各州的相关教育部门处理。有所不同的是，教育科研秘书处指导各州的高校教育工作。此外，各大学的一部分决策权转交给新的大学委员会。大学委员会创建于1968年，是负责高等教育政策联合的机构。但是在成立之初，它并没有决策权，因此在高等教育管理体系中，并没有发挥较大的作用。2001年，重新组建的大学委员会在人员上有所精简，并被赋予了更为明确的管理权限：根据签署的国内外协议，为学生提供学习时间，并承认他们的资历和学习经历；确定资助项目；定期评估国家科研能力的分配是否与大学任务的分配相一致；承认高等教育机构和教育方案；界定教学和科研评价；对科研成果的转化做出规定。

除了大学委员会，1990年，瑞士还成立了一个大学校长联席会，其主要成员是联邦高工和州立大学的校长。该机构的主要任务是制定高等教育政策，协调高等教育机构的发展。而瑞士颁布的新的法规正式界定了大学校长联席会的法律地位，并明确规定校长可以就大学委员会的相关工作提出建议，例如评估学习时间、教学和研究。大学委员会和校长联席会议的形成促进了大学的横向发展和政府的纵向控制，并在政策的制定和实施中发挥了重要作用。

3. 改革后的经费结构

为了促进高等教育管理体制与教学改革，联邦政府的改革方向转向了对经费模式的规范上，使各所大学经费的投入导向模式转变为产出导向模式。联邦政府为大学提供一定的拨款，包括基础津贴（教学津贴占70%，科研津贴占30%）、投资津贴和特别项目津贴。这种经费投入方式也突显了《大学资助及大学事务合作联邦法案》的原则——竞争与合作。

4. 建立质量保障体系

在未进行改革之前，教育质量保障工作是各州政府及大学的职权范围，联邦政府并没有制定统一的标准，导致了各州教育质量保障体系中的各项内容的不一致，带来了一定的问题。与此同时，欧洲高等教育区也要求学习项目认证标准相对统一。因此，经过一段时间较为艰难的改革，瑞士建立了较为完善的教育质量保障体系并建立了瑞士认证和质量保障中心（OAQ），其是一所与大学平行的独立机构，为大学制定评估原则和质量标准，并作为咨询机构与大学校长委员会进行磋商。OAQ的组织结构及程序符合欧洲高等教育质量保证委员会的标准，保证了评估的准确和规范。

（二）瑞士高等教育管理体制与教学改革的启发

1. 完善高等教育立法体系

高等教育部门不能被排除在法制体系之外，因此只有制定完善的、适合国情的高等教育立法体系才能使中央政府、地方政府和各所高校有法可依，才能据此明确划分学术领域和行政领域的权责。各个管理部门依据法律规定的权责自主进行工作，才能保障高等教育管理工作的有效开展。

2. 科学地规划大学投入经费

对资源的有效利用能够促进教学效率最大化，因此合理、科学地规划大学经费投入十分必要。第一，应对各所大学当前所使用的科研经费有所了解，在此基础上，合理地给予其科研津贴配套。第二，资助大学间的联合项目。

3. 加强管理系统间的协调合作

高等教育体系与社会之间、高等教育体系中的政府部门之间、政府与办学机构之间、办学机构之间都应该将协调作为政策发布和实施管理的原则。在高等教育管理体制与教学改革过程中，应当尽量将矛盾柔化，做到协调发展。因此，建立帮助上述关系之间进行平等对话的平台是十分必要的，建立联合决策和信息反馈机制也是十分重要的。

三、法国高等教育管理体制与教学改革的经验和启发

在欧洲中世纪，法国高等教育正式诞生，起源于巴黎大学。巴黎大学有着"欧洲大学之母"的美誉，是一所教师型大学，有着大学自治的传统。法国尝试实践狄德罗的教育思想，并采取中央集权的方式进行教育管理。此后，这种中央集权式的高等教育体制一直被承袭。第二次世界大战之后，大学自治的教育管理体制与中央集权式的教育体制之间的矛盾日益激化，为了有效地缓解这种矛盾，法国政府通过制定一系列与教育相关的法律明确政府和大学在教育方面的责任、权力、利益等关系，以促进教育进步，谋求教育教学的稳定发展。

（一）法国高等教育管理体制与教学改革实践

法国高等教育管理体制与教学改革实践的具体内容有以下三个方面。

第一，颁布《高等教育方向指导法》。该法律对高等院校进行教育的三项基本原则，即自治、民主参与和多学科办学，进行明确的规定。这也意味着在国家法律允许的范围内，高等院校可以自主规划学校的管理结构和章程，同时在行政和财政等方面享有自主办学权。

第二，改革立法和行政体制。调整原有垂直的、集权的教育管理部门，最大限度地实现权力下放、重心下移。教育发展方针、政策主要由中央教育管

理部门来制定。与此同时，中央教育管理部门也有权批准高等教育机构颁发国家文凭，并制定颁发文凭和学位的评估制度。每年教育部都向所有大学颁发教育经费。大学有权独立分配和使用教育部监督的教育资源。改革明确了政府在高等教育发展中的责任和地位，通过拨款、咨询和监督可以对教育进行宏观调控。

第三，建立独立于政府的独立评估机构。一方面，设立一个由大学代表和各知识界代表组成的中间组织，由教育部部长担任主席。根据有关教育的法律法规，在高等教育自治框架内评估和咨询政策，并及时提交意见和建议。另一方面，设立全国教育评估委员会，以系统地监测、审查和评估各种教学和研究活动、科学研究和教学进展、高等教育和本科的成果与效率，及时提交意见和建议，并定期编写书面报告。独立评估机构的建立对政府和大学具有缓冲作用。结合有关教育的法律法规和体制改革，实现了中央行政管理和学校自治的平衡发展。

（二）法国高等教育管理体制与教学改革的启发

任何一个国家的高等教育结构和管理体制都受到其所置身的环境和行政体制的深刻影响。法国通过大学区制实现自上而下的统筹分级管理。法国高等教育管理体制与教学改革的启发有以下两个方面：一方面，应该加强最高层次的高等教育设计，深化大学自治。高度自治是高校健康快速发展的必要前提。只有高校充分自治，高校内部管理体系的灵活性才能充分发挥作用，激发活力和创造力，科研和教学才能不断创新。高校的高度自治要求教育局加强最高层次的高等教育设计，完善宏观层面的管理体制，并在体制内充分下放权力，使高校能够根据地区和高校的实际情况制订有利于自身发展的具体规划，调动高校的积极性和主动性，逐步实现科学的领导，发挥教师和职工的集体智慧，激发创造性思维。各级政府行政部门要从根本上改变观念，将重点转向建设服务型政府和监督评估，并通过立法和财政手段实现监督。另一方面，应建立宏观监测系统。在改革政府与大学关系方面，法国在不断完善宏观监管体系方面的成功值得学习。

四、中国既往高等教育管理体制与教学改革的经验和启发

从某种程度上来说，系统地把握事物的发展过程是深入进行科学研究的重要手段。因此，探讨中国既往高等教育管理体制与教学改革的过程具有十分重要的借鉴意义。这一研究是从纵向的时间序列出发，考察高等教育管理体制与教学改革的起源和发展、不同时期的改革特点及历史类型和经验等，从中总结规律，为当前高等教育管理体制与教学改革提供借鉴。

我国最初的高等教育管理体制是由国家集中计划、中央部委（俗称为"条"）和地方政府（俗称为"块"）分别办学和直接管理。这一体制的形成与发展的背景是中华人民共和国成立初期高度集中的计划经济体制，与当时的社会建设和经济发展相适应。20世纪90年代以来，中国高等教育一直试图削弱政府与大学的关系，以适应传统的人才培养观念，改变不适应当前发展的专业设置模式，进而适应改革开放和经济社会发展对人才和科技的需要，从而为管理体制改革打开大门。

（一）中国高等教育管理体制与教学改革历程

从纵向的时间序列出发，自改革开放，我国高等教育管理体制与教学改革可以分为四大阶段，具体如下。

1. 起步阶段

起步阶段的时间跨度是1985—1992年。1985年5月27日，中共中央颁布《关于教育体制改革的决定》，该文件强调在国家统一的教育方针指导下，依照国家的教育计划，增强高等院校自主办学的权力，加强产、学、研三者之间的联系，提升高等院校与经济和社会发展相适应的能力。1985年6月，全国人大六届十一次常委会决定撤销教育部，设立国家教育委员会。这一举措不仅直接指向简政放权，还能够充分调动教育涉及的各个部门、地区和行业共同进行改革的积极性，极大地促进了统一部署，使教育管理体制和教学改革更加具有指向性，推动了教育事业的平稳有序发展。1986年3月，国务院发布并执行《高等教育管理职责暂行规定》，对国家教育委员会、国务院有关部门，省、自治区、直辖市人民政府管理本地区内的高等学校等的管理权限做出了具体的

规定。

2. 探索阶段

探索阶段的时间跨度是1993—1997年。这一时期国家陆续颁发了涉及教育的文件，点明了高等教育管理体制与教学改革的重点，即改变以往的"条块分割"的体制，鼓励高等院校之间相互联合，优化自身办学机构，促进办学效益的提升。经过不断的改革探索，1994年，在"共建、调整、合作、合并"的方针指导下，逐步改变了高等教育管理体制和教学中存在的条块分割、自我封闭，以及服务面向单一等弊端。

3. 突破阶段

突破阶段的时间跨度是1998—2000年。1998年，国家对原机械工业部等撤并部门的多所院校进行调整，中央与地方政府对其进行统一的建设、管理。1999年1月，《中华人民共和国高等教育法》正式施行。这一事件促成了高等教育管理体制和教学改革的极大突破。同年，国家调整了原兵器、航空、航天、船舶、核工业等五大军工系统所属的多所高校的教育管理体制。2000年，实施对铁道部等多个部门所属的一百多所高校的合并和调整。经过大规模的集中调整，部门办学的管理体制改革基本完成，高等院校的管理体制以地方管理为主。这一阶段的改革标志着我国新的两级高校宏观管理体制基本确立。

4. 巩固阶段

2001年以后为巩固阶段。在21世纪，教育部将与地方政府、行业部门和龙头企业合作，研究高等院校的教育管理体制和课程改革计划，并随着改革的深入调整和优化布局。这项改革的目的是支持地区和国家经济发展，整合高等教育资源，最大限度地发挥社会资源的作用，探索地方大学合作与融合的新途径。同时，为了提高人才培养质量，我们将在全国高校实施教学质量和教学改革项目。在此期间，高等教育管理体制和教学改革的主线是加强政府对大学的公共服务职能，提高总体管理水平，落实大学自治，构建和谐的政府关系，组建大学和社会，建立和完善当代高等教育体系。

（二）中国高等教育管理体制与教学改革述评

中国高等教育管理体制与教学改革影响深远。首先，这场改革解决了部门办学、条块分割及由此导致的重复建设、布局不合理、单科性院校过多的问题，促使资源得以更合理地配置，同时有效地改善了办学条件，使高等院校的办学质量和效益有所提升。其次，这场改革促使新的体制转变为中央和地方政府两级管理、分工负责。此外，还解决了长期困扰市场经济体制的职能错位的问题，形成了较为科学、合理的公共管理秩序。最后，这场改革促成了多学科融合，使办学质量有所提高，为高素质人才的培养创造了条件。在改革过程中，一大批综合性大学与多科性大学展现了多学科聚集的优势，以此为基础，越来越多的学生接受了更加全面的素质教育，不同的基础课、专业课等开阔了学生的视野。与此同时，始终将高等教育管理体制与教学改革和高等院校布局进行结合，可有效增强高校的社会竞争力。

第二章 高校教育成本管理体制

第一节 高校教育成本管理的相关理论

一、高校教育成本的相关概念

（一）高校教育成本定义

从理论上讲，成本内容相对全面、科学合理。然而，教育成本的成本主体范围广，难以准确计量教育机会成本，这种教育成本概念在高校会计实践中缺少一定的实用性。在此，特别提出教育成本的概念，以保证教育成本核算、成本分析、成本管理等工作能够高效、有序地进行，确保高校能够明确地认识教育成本的主体，能够清晰地界定教育成本的范围。从会计的角度出发，高校教育成本的具体定义如下：在某一特定的时间段内，高校在培养特定的类型、水平和数量的学生等方面所耗费的全部费用。高校教育成本是高校投入教育工作的实际成本，即大学期间，学生所消耗的生活劳动及物化劳动的综合。与成本概念、教育成本概念进行对比，在以下两方面，高校教育成本的概念有一定程度的突破。

首先，在高校教育成本这一概念中，将成本主体明确为学校，并未将国家、社会和个人教育成本涵盖其中。这样一来，教育成本的概念更加具象化，在教育成本核算和管理等方面展现出了较大的优势。然而，作为独立的会计，高等教育的资金来源和成本核算是两个相互不干涉的独立操作系统。正如高等教育成本的定义所述，其不应该将其他科目的费用涵盖其中，如国家、社会及个人在高等教育方面的投资。

其次，高等教育成本只确认教育的实际成本，而不是机会成本。从理论上来说，按照事件类型，教育成本能够被划分为实际成本和机会成本。机会成本与在达成教育目的的过程中，教育资源投入高等教育可能产生的损失有关，具体可以包括建筑、土地等可能获得的租金，以及利息等内容。为高等教育的利益相关者提供成本信息和补偿是对高等教育成本进行研究的重要目标之一，但高等教育成本不包括机会成本的原因有以下几点：第一，机会成本只是一种负潜在收益，并不能与实际支出相提并论；第二，对于机会成本的具体评估方式，会计界还未能达成共识，因此很难有具体明确的量化标准；第三，从本质上来说，机会成本并不是自愿消耗。如果替代品最终被拒绝，则不会被消费，也不会对成本进行补偿。综上所述，笔者也赞同高校教育成本不应包括机会成本的观点。

（二）高校教育成本特点

1.高校教育成本的间接补偿性

一般来说，材料生产中的产品成本可以通过产品销售来抵消。平衡高等教育成本的特点是渠道多样化和间接补偿支付。学费合并后，学生的学费能够直接抵消一小部分教育成本，然而，大部分教育成本必须通过其他渠道获得的资金进行间接补偿，如用于国民收入再分配的消费资金。但是，一旦经过高等院校培训的专业人员进入劳动力市场，就可以为用人单位和国家带来巨大的社会和经济效益。因此，教育支出的分配可以被视为对高等教育成本的间接补偿。

2.高校教育成本结构特殊

高等教育成本是低直接成本、高间接成本和高比例人事成本的组合。在材料生产领域，间接成本所占比例较小，产品成本占有绝对比例，而产品成本一般将直接材料成本和直接人工成本囊括在内。高等教育领域，工作内容的特殊性要求教学、科研和后勤等部门需高度合作。高等教育工程中的大部分支出由多个成本实体组成，成本只能通过特定的成本对象分配方法计算。结果间接成本增加，教育成本中的直接成本减少。高等教育是劳动密集型产业，高等院校的主要职能是传授知识和培养人才，教学过程中的劳动力成本相对较高，因此人才成本占高等教育成本的比例相对较大。

3. 高校教育成本呈增长态势

在物质生产领域，随着科学技术的不断发展，以及管理水平的不断提高，单位产品的生产成本呈现出了逐步减少的趋势。然而在高等学校教育领域，随着时间的不断推移，高校教育成本呈现出增长态势。出现这一情况的原因有以下两点。

第一，高校教育成本的增长态势与高校教育的劳动密集型特征密不可分。随着高校规模的不断扩大，对于能够吸引人才和增强高校竞争力的教师的需求量也在逐年上涨，然而，这些教师不能被生产工人或现代设备所取代，高校只能通过改善教职工待遇和提高人才安置水平来吸引人才，进而使得高校教育成本的增长态势远胜过其他行业。

第二，高校教育成本的增长态势与现代技术和设备的应用密切相关。高校教育往往彰显了当代先进的科学技术水平，因此在高校教育中积极应用现代科技成果和设备是极其必要的，运用融合了前沿技术的教学手段教育人才，成为高校服务社会的重要内容之一。现代技术和设备有助于提高高校的教育生产率，新时代背景下，高校也更倾向于利用先进的科技手段加快知识更新周期，拓宽学生的知识面，改善校园运营条件，提高教育质量。这意味着高校使用的设备更加现代化，也意味着高校教育成本也在不断提高。

4. 高等院校教育成本消耗区间性

在社会上，为了最大限度地提高市场竞争力，相关生产部门总是会尽可能地将相同类型、相同质量的产品的成本降至最低水平。在高校中，学生的平均教育成本往往受到某种程度的限制。如果学生的平均教育成本过高，意味着学校浪费或不合理地使用资金。如果教育资源不足，学生的教育质量和耐力将受到影响。此外，人们很难准确衡量投资不足对教育质量的影响。因此，高等教育机构必须有足够的资源来促进自身的长期发展。

5. 高校教育成本追求社会效益的特殊性

物料生产部门追求生产成本的经济效益，即如何在一定的技术水平上以最低的成本实现计划生产。高校在追求教育成本的经济效益的同时，也会重视社会效益。毫无疑问，接受过高等教育的社会成员有能力将收入提高，使生活质量得以改善，同时受教育者的文化素质水平越高，社会的物质文明和精神文明程度也越高。这些社会利益是全体社会成员可以共同享有的，经济学中称之为社会溢出效应。这一过程展现了高校教育成本所追求的社会效益的特殊性。

（三）高校教育成本分类

第一，按性质和用途，可将高校教育成本分为物资成本和人员成本。所谓物资成本，是指某一时期内在教育活动中物化的那一部分成本，包括高校固定资产的折旧、原材料等内容。物资成本的主要特征是其以物理形式存在，并且在使用的过程中会逐渐消耗。人员成本是指在一定的时期内，高校进行教育活动所消耗的那部分资金，包括教职工的工资、奖金及学生的奖励等，但与高校教学服务无关的人事成本并不会被包括在内。人力成本在高等教育成本中占有很高的比例，这是由教育行业劳动密集型的特点所决定的。

第二，按与高校提供教育服务的相关程度，可将高校教育成本分为直接成本和间接成本。这样划分也有助于进一步加强对高校教育成本的控制和管理。不难看出，直接成本是与高校提供的教育服务直接相关的成本，能够更加经济、方便地归属于教育对象，具体可以表述为教师工资、实验材料等。间接成本则是与高校提供的教育服务间接相关的成本。间接成本只能通过分配固定成本的方法分配给每个成本项目，如学校管理支出和学校公共支出。间接成本与付款人具有间接相关的关系，如果缺少了这些费用，高校的正常教学活动将会受阻。

第三，按教育成本发生的时间，结合教育成本控制的需要，可将高校教育成本分为计划成本和实际成本。计划成本是高校提前制定的成本标准，往往建立在高校年度发展计划和年度成本实施计划的基础上，用来加强对于成本的控制，分析成本实施的具体情况。从经济学的视角来看，计划成本的汇总与标准成本、目标成本和预算成本息息相关。在加强高校经济核算、控制各项支出、建立健全成本管理体系等方面，计划成本发挥了难以取代的作用。实际成本是一种将成本会计期间实际发生的费用客观化的结果。从某种程度上来说，实际成本较好地反映了计划成本的实际执行情况。从时间的角度上来说，由于实际成本是实际上已经发生了的费用，因此可以将其视作历史成本。将实际成本与计划成本进行比较，二者之间具有明显的差异，从中可以对成本执行方案的具体情况进行剖析，有助于探寻出现资金问题的原因，获得节省教育成本的具体途径。

第四，按教育成本主体的层次的范围的差异，可将高校教育成本分为教育总成本、分部总成本和单位教育成本。教育总成本是指在一定的时期内，在培养学生的过程中高校所消耗的全部教育资源。分部总成本指的是不同教育成本对象各自所消耗的教育成本。单位教育成本是指将教育总成本或分部总成本分别除以相应的产品数量，即单位产品所消耗的平均教育资源价值。也就是说，不同的教育产品单元存在不同的教育成本，如课时成本、专业学生平均成本等。单位教育成本是衡量高校资金使用效率、资金管理水平等的重要指标之一。在相同的教育质量条件下，如果高校的单位教育成本过高，表明该所高校的资金仍然有一定的开发潜力；如果高校的单位教育成本过低，则表明该所高校的教育资源投入不足，可能对教学质量和高校的长期发展产生负面作用。

第五，按教育成本完成情况，可将高校教育成本分为责任成本、可控成本和不可控成本。责任成本源于责任会计中的成本概念，指的是出于成本控制和责任考核的需要，依据责任中心进行核算的成本。与传统会计中的"谁受益谁承担"的原则有所不同，高校计算责任成本的会计原则是"谁负责，谁承担"。责任成本一般按照责任对高校教育成本进行分类，将具体的责任对象进行细化。每个责任中心的权利和义务是相同的，责任中心对其所做的事情负责，并对中心的成本控制责任负责。学校将此作为其绩效评估的基础。所有可由责任中心控制的支出称为可控制成本，而不能由责任中心进行控制的支出则称为不可控制成本。将责任成本划分为可控成本和不可控成本有助于准确地评估、控制每一责任中心的责任成本，有助于提高成本控制的效率。

二、高校教育成本管理的理论基础

（一）资源效益理论

高校教育资源在涵盖了教学设施等有形资源的同时，也将一些具有特殊价值的无形资源囊括在内。科恩和韦伯斯特分别通过研究分析了教育资源的投入和教育收益之间可能存在的关系，他们认为教育收益可以用培养学生的生产能力及其收入来衡量。

近年来，我国也有学者就教育成本问题设计出了一系列的评价指标，从不同的角度分析了与教育资源相关的一些效益问题。一些学者认为，资源投入的经济性和产出的可扩展性是提高资源配置效率的两个基本途径。在资源不足的前提下，社会活动要充分考虑物化劳动和激活劳动对实现效果的贡献率，努力增加收入，减少支出，并与合理的资源配置紧密联系。如此一来，与管理教育资源相关的部门就能够促使资源所产生的效益最大化，进而实现帕累托优化。

将经济学领域的资源效益理论应用于高校教育成本管理过程并加以使用，能够帮助我们更深入地了解高校资源投入与社会发展需求之间的关系，或者说二者可能存在的比例关系，即所说的办学效益。我们都知道，当前我国高校所拥有的教育资源相对有限，想要获取一定量的教育资源必须付出一定的代价。因此，高校有必要合理地配置珍贵的教育资源，使其最大限度地发挥作用，促使高校获得的收益最大化。

普遍地说，人力资源展现了主要的高校教育资源，高校人力资源是其他行业的人力资源所难以匹敌的。从这一方面来说，高校在进行教育资源投入决策时，应当将对人力资源的需求放在首位。然而，进入21世纪，我国高校消耗了一定的资源建设校园、扩大招生规模，致使主要的教学资源投入基础设施建设上，人力资源稍显不足。目前，我国一个急需克服的难题就是如何合理配置国内有限的教育资源，并且使其发挥出更大的作用。

（二）作业成本理论

20世纪，埃里克·柯勒教授正式提出作业成本理论。他针对与作业相关的问题进行研究，提出某一项具体作业都必须设置一个专门账户进行核算。作业成本理论的提出帮助人们更为有效、科学、合理地解决了成本问题。该理论的核心是用归集方法改进间接费用。20世纪90年代，李宏健等学者将其引入我国，至此，我国学者对其开展了广泛的研究。2013年，财政部发布了一些制度，以解决成本核算方面存在的问题，明确建议企业根据自身的实际情况施行作业成本法，表明了作业成本法已经受到了我国有关部门的高度重视与认可。之后，财政部又颁布了一系列规定为管理会计发展指明新的方向。成本管理问题成为研究热点，其中就包括对成本作业理论中的作业成本法的研究。

学者指出，将作业成本法运用到我国高校教育成本核算中是具有可行性和先进性的。这一做法能够很好地避免直接区分高校的直接费用和间接费用，只是将全部资源耗费视作作业环境所消耗的资源。在直接费用的计量方面，作业成本法与其他传统的计算方法没有什么明显的区别，但是在间接费用的计量方面，作业成本法在合理配置和归集等方面展现出了优势。传统计量方法只是单纯地依据工作的时数来衡量间接费用，而工作成本法则是先确定资源耗费的成本动因，然后将所消耗的资源分配和归集到跟成本有因果关系的作业中心。

总而言之，作业成本理论能够更加准确地将高校培养人才时所耗费的各项支出反映出来，同时在分析这些支出的合理性方面展现出了一定的便捷性。该理论可以为高校教育成本管理提供数据支撑，有助于最大限度地优化资源，使高校同时收获社会效益和经济效益。

（三）内部控制理论

内部控制理论的主要内容是，通过一整套较为完善的制度，严格控制和规范某单位的全部活动。为了提高各事业单位对内部管理问题的重视程度，财政部发布文件就该问题做出了明确的说明，点明了行政机构的内部控制机制，指出应当制定制度和实施恰当的内部控制措施及程序，确保行政机构能够有效地控制经济活动，并将可能存在的风险降至最低，具体举措包括对行政机构的预算、收入和支出及资产的风险控制等。同时，行政机构的内部控制活动不应该只针对特定的时间，还应该参与经济活动的全过程，进而有效地控制行政机构的经济活动，切实有效地提高内部管理水平。

通过内部控制理论深入剖析我国高校的内部控制情况可以明确，在高校建立专门的管理机构十分重要，并且同等重要的是制定严格的管控制度，从而为高校的可持续发展奠定坚实的基础。部分学者借助该理论，指出了高校在采购业务中存在的问题，如部分采购计划较为虚假、采购过程不透明、采购时不够理智等。将内部控制理论作为分析基础，对我国高校成本管理进行解剖，所得结论如下：

第一，高校存在一定的资产管理问题。就现状而言，虽然高校都设立了专门的资产管理部门，有专门的资产管理人员对其进行控制、管理，但是这些人员仅负责资产的购入和处置，没有涉及使用过程中资产的跟踪管理。

第二，高校财务管理制度存在问题。制定高校财务管理制度是为了给高校各项活动的平稳开展提供必要的保证，最大限度地减少缺乏必要性的成本投入。高校财务管理制度存在的种种问题，如制度涉及的内容不够准确、精细，导致难以在实际工作中发挥作用。

第三，部分高校的各院系和相关部门未能采取对教育资源进行有效控制的具体措施。当前，我国高校中只有一少部分规定了高校资源是有偿的，以有效地控制教育资源。但是大部分高校并没有相关规定，也没有设置二级成本管控中心。

三、高校教育成本管理的必要性

高校教育成本管理的必要性主要表现在以下几方面。

（一）优化资源配置，提高办学效益

由于种种原因，部分高等院校未能对国家拨发的高等教育投资进行合理使用，高等教育成本管理结构上出现诸多欠缺。对教育资源、教育资金的不重视、不珍惜成为普遍存在的问题，这一现象直接导致了学校资源的普遍浪费和利用率低下。大量研究表明，我国的生均成本较高，这与资源管理的效率有待优化，整体办学效益有待提高有密切的联系。我国存在一定的教职工冗余的现象，导致人员成本难以有效降低。与此同时，高校的大型贵重仪器设备的利用率普遍不高，难以对学校资源进行合理利用。在资源配置方面，高校仍然面对着较难解决的棘手问题。要想摆脱困境，走良性发展的道路，一方面，需要有效利用多元的渠道，最大限度地增加教育投入；另一方面，需要加强对于资金的管理，提高资源的运行效率。因此，对高校教育成本进行管理是解决高校资源"病症"的"良方"。

（二）解决教学资源匮乏的问题

经济全球化的迅猛发展，带动我国经济高速发展，在这一背景下，高等

教育的重要性日益突显，对教育的要求也越来越高，高校的规模也不断扩张，学生的数量与改革开放前已不可同日而语。尽管高等教育的公共支出逐年增长，但是经费增长的速度仍然难以与学生数量增长的速度相协调。高等教育成本管理有助于教育事业开源节流，解决教学资源匮乏的问题。

（三）适应高等院校自身的发展

高等教育不能故步自封，应当与社会接轨，适应新形势、新体制的变化。因此，高等院校必须采用最新的管理手段，接纳最新的管理思想，遵循社会经济发展的内在规律，在竞争中寻求发展。随着各项发展教育的规定、计划的出台，高校既获得了机遇，也面临着挑战。高等院校获得了来自国家、社会等多方面的支持，但与此同时，高校面临着更加激烈的竞争。在这样的背景下，高等院校想要从竞争中脱颖而出，就必须更新管理理念，深化体制改革，不断提升办学质量。依托于经济学的相关理论，不难意识到，无论是营利组织，还是非营利组织，都必须通过企业管理的方法进行管理和经营。

所谓学校经营，就是各学校在考量自身行为特征的基础上，基于提高学校资源的利用率及提升学校效益的目的，通过多层次优化学校资源配置、整合等方式，所实施的学校经营环境分析，学校经营思想、目标确定，学校经营策略、操作方式的选择等一系列筹划、谋略活动。竞争产生的原因与稀缺资源的争夺和买方市场的压力有关。在市场经济体制下，决定企业成败的关键因素就是竞争力。尽管高校并非一个以营利为目的的组织，但是在高等院校中，竞争力和竞争精神依然是十分重要的。

当前背景下，与高等院校有密切联系的市场是个人和社会团体。个人希望在高等院校中接受高等教育，并通过支付学费的方式承担一部分学校教育成本。而为了从高等院校吸纳学生以提高公司的工作效率，提高公司所获得的利润，社会团体也会通过捐赠等形式承担一部分学校教育成本。高等院校、个人与社会团体之间形成了服务与被服务的关系，而不同的高等院校与高等院校之间也成为竞争对手。目前，虽然在高等教育领域还没有出现买方市场的压力，但是随着人口出生率的不断下降，生源不断减少，高等院校的压力就会随之而来。加强高校教育成本管理，采用效益优先的策略，能够形成一定的竞争优势。也就是说，在相同产出的前提条件下，改善内部管理模式，最大限度地发挥资源的作用，展现出低成本的优势。具有一定竞争优势的高等院校容易获得更高的对于有限资源的分配权，而且这种优势具有滚动效应，能够加强学校的声望，使高校获得更多的个人和社会团体的认可，进而有效地扩大资金来源，改善办学条件。高校只有合理地对教育成本进行管理，才能提高办学效益，获得自身的发展。

第二节　高校教育成本管理体制现状

一、高校教育成本控制动力不足

大部分具有事业单位性质的高校，其经营目的往往不是营利。通常来说，这类学校日常运营所使用的资金都是来自财政拨款，经济上存在的压力较小，因此教育成本管理方面的意识较为匮乏，致使其进行教育成本控制的动力较弱。无论是对于企业来说，还是对于高校来说，财政监督都能够为成本控制提供动力，然而随着高校市场化进程不断推进，我国的会计审核制度不断完善，有效地反映日常运行成本，并依据成本数据进行管控这一工作逐渐被重视。成本的有效控制依赖核算基础的完善，成本核算的重要依据则是会计制度。

2017年起，行政事业单位会计制度改革进一步提速和深化。2019年12月，财政部发布《事业单位成本核算基本指引》以进一步促进事业单位成本核算工作的推进，提高单位内部的管理水平，提升运行效率，筑牢绩效管理基础。但截至目前，仍然没有具体的、与高校教育成本核算相关的、具有指导性意义的文件。加之政策从制定、出台到施行需要经历较长的时间摸索，导致了高校教育成本控制工作进展缓慢。但目前较为明确的是，随着政府对高校教育成本控制工作的重视，高校的教育成本控制工作的完善、精准指日可待。在此之前，需要对高校教育成本管理体制的现状有一个清晰的认识。

二、高校教育成本信息缺乏有效的管理机制

一般来说，信息具有较为明显的不对称性，因此人们只有对相关信息进行综合分析，才能够对某件事情进行具体判断。而作为提供教育服务的主体，高校面向的是大众。大众在面对高校抉择时，也同样希望能够通过某些具体可靠的途径深度把握高校的发展现状，以保证自己能够做出最佳选择。在这一背景下，以提高知名度和核心竞争力为目的，高校进行信息管理是十分重要的。我国的教育成本由两大部分构成，一是具有财政性质的经费，另一种是由学生家庭支付的学杂费。这两类资金来源最终都属于公共财政部分，高校有责任也有义务向社会大众公开教育成本的使用情况，接受大众的监督。信息管理的质量能够在一定程度上反映高校的财务管理水平，彰显高校的底气和实力。高校大胆地接受社会公众的监督，有利于高校的可持续发展。但就目前来说，我国高校教育成本信息管理机制仍然存在一些不足，具体如下。

第一，高校教育成本管理制度不健全，这是造成管理机制不完善的根本原因。"无规矩不成方圆"，缺乏良好的框架是很难形成明确、清晰的规则的，但是当前成本管理制度的制定尚在完善阶段。

第二，部分高校财务人员基础素质较低，缺乏一定的工作动力。财政制度经常会更新迭代，财务工作的性质又要求工作人员不断学习成长。财务人员的水平难以与工作要求相适应，难以达到信息管理的专业要求，导致管理工作难以取得突破性进展。

第三，高校本身的选择问题。部分高校往往单纯地依据上级单位的指示对相关信息进行公开，然而这些信息较为粗放，外部监管者难以进行查证。

正是因为存在以上不足，才使得成本控制的步伐缓慢。如果相关机构在充分认识以上问题的基础上，增强成本控制的意识，采取具体有效的举措，才能够早日建立高校成本信息管理机制，从而更好地进行成本控制。

三、高校预算管理缺乏硬性约束

预算管理作为一种手段，也能够作为一种计划而存在。预算管理的内容使

目标具有了具象化的特征，能够保证通过一定的手段对资金的运行加以干预，从而更加规范地实现已经确定的目标。高校预算管理作为一种财政计划，如果能够较好地执行，不仅能够促进高校的宏观掌控，还能够实现对资源的合理配置，有效地提高资源的利用率；但是高校预算管理如果不能很好地执行，则会产生相反的效果。当前，尽管大部分高校已经越来越重视预算管理，但是在具体的制订和执行预算计划的过程中，仍然存在一定的阻碍：首先，预算管理体制不健全，尽管这点被大多数人所诟病，但无论是高校，还是企业，无论是团体，还是部门，仍然存在这一问题；其次，缺乏科学合理的预算制定方法的指引，当前存在高校不对实际情况进行考虑的情况，为了减少工作量，高校相关部门仅采取在往年基数上简单叠加的错误方式，缺少对于实际需求的深入分析和测算；最后，缺少健全的预算执行的考评机制，不能较好地考虑人为因素，部分高校仍然以执行进度和偏差来进行考评，在解决预算使用量与下年预算挂钩问题上，以及确保执行效果与下年预算挂钩等方面存在一定的困难。

四、高校教育成本控制基础不牢

部分高校教育成本控制基础不牢主要体现在以下几个方面。

第一，高校财务人员的素质不高、能力不强。当前，高校财务人员的主体是基础核算人员，既能够进行有效分析，又能够辅助战略决策的复合型人才较为稀缺。在会计准则制度不断发展的过程中，部分高校财务人员不能及时了解最新的会计准则制度，对于制度中的内容理解不到位。

第二，财务与业务未能有效地进行融合。对于高校而言，如果财务和业务的推进不能到位，就会在一定程度上阻碍高校的发展。事实上，高校仍然存在一些工作人员的思想中缺乏将财务与业务进行融合的意识，在执行将二者进行融合的工作方面缺乏一定的积极性。当业务与财务出现脱节的时候，一方面可能会因为缺少过程管理而出现监管漏洞，另一方面可能会增加管理工作的成本。

第三，固定资产的处理工作不合理。从现状来看，许多高校固定资产管理制度并不完善，有些高校折旧的动力不足，不计提折旧，甚至存在未入账的资产；有些高校虽然计提折旧，但不是按月而是一年才提一次；还有部分高校固定资产辅助核算不到位，未进行具体的归类，计提的折旧不能合理归类到相应部门成本中；部分高校实物资产的计量和盘存制度落实不到位；部分高校存在资产系统和财务系统不同步的情况，当资产清理的时候，不能仅仅是从账务系统消失。

第四，标准成本控制不严。对于标准成本的执行落实不到位，未能有效保障后勤，存在相当严重的浪费水电资源的现象，未能制定标准的使用量，在控制方面的执行力度不足。

第三节 高校教育成本管理体制改革路径

一、加强高校教育成本管理制度建设

合理地控制教育成本的一大重要前提是教育成本核算高度准确，只有成本核算工作有较大程度的飞跃，才能从本源有效地加强人们对成本进行控制的动力，从而以准确的标准进行成本控制。而成本核算的重要前提是完善制度。2015年，中华人民共和国发布了《政府会计准则——基本准则》，该准则使大众认识了权责发生制，有助于摆脱收付实现制独大的不良局面。2017年，财政部又发布《政府会计制度：行政事业单位会计科目和报表》，初步制定了关于高校教育成本核算体系的制度标准。之后，财政部陆续发布文件以促进单位提高管理水平，为高校教育成本管理体制改革奠定了坚实的理论基础。

目前，我国高校教育成本核算还存在以下问题：第一，尚未出现明确的关于高校教育成本核算的具体指引，高校教育成本核算体系尚不完善，缺少具有针对性的理论指导；第二，教育成本核算的双轨制原则尚不完善，还处于摸索阶段，一些问题未能得到有效的解决，与此同时，一部分财务人员专业技能水平与某些财务软件系统的更新不能与制度发展相适应；第三，行业内部，高校教育成本核算的口径未能统一，缺少具体明确的标准，披露机制也不够完善，这也导致了核算后的数据缺乏横向对比；第四，缺乏确切的衡量教育成本管理效果的标准，评价指标的设定仍然有待完善。

基于以上分析，结合当前学者的相关研究进展，上述问题可以从以下几个方面着手进行改善：第一，相关部门必须充分地思考高校的特点，做出具体明确的高校教育成本核算的指引，使高校成本核算工作有一定的依据；第二，加快完善双轨制原则的进度，提高高校财务人员的水平，更新财务软件，保证高校教育成本核算的准确性；第三，统一高校教育成本核算的口径，在提高成本核算准确度的同时，加强横向与纵向间的对比，帮助高校之间相互学习和借鉴；第四，制定教育成本管理效果的衡量标准，注重对于财务指标的计算和分析。

二、完善高校成本信息管理机制

随着高校市场化进程的不断推进，高校教育成本信息管理已成为不可阻挡的趋势。主动、有效的信息管理机制，不仅能够促进高校展现自身的特色和优势，还能够帮助高校提高自身的知名度，有助于学生更加合理地选择高校。

以往，高校教育成本的信息管理往往处于被动状态，上级主管部门有硬性任务的时候高校才会进行相关披露。鉴于此，借鉴现有的机制，本书从以下几个方面进行策略分析：第一，成本核算结果的准确程度决定了信息公示的质量，而想要从根本上保证核算结果的准确性，就必须对高校教育成本核算制度进行完善，解决成本管理中存在的根源性问题；第二，统一高校成本核算信息管理的标准，提高高校成本核算信息管理的质量，在保证高校本身能够进行纵向对比的同时，加强高校之间的横向对比；第三，建立统一的高校成本核算信息管理平台，高校可以借鉴上市公司进行重要信息管理的机制，与相关部门组织进行协商，建立较为统一的信息管理平台，或者不同层级的高校建立信息管理平台，这样做不仅能够方便信息使用者更为便捷地获取信息，避免了信息不对称，还能够增强高校成本信息的横向对比性。

三、加强高校预算管理的硬性约束

提高预算管理的有效性能够帮助高校合理地控制成本，但是如果预算管理过于松弛，就会影响高校成本控制工作的开展，进而影响教育成本控制的效果。高校可以从以下几个方面入手，加强预算管理的硬性约束。

第一，促进高校内部各部门之间的沟通和交流，尤其是负责预算管理的人员应该对各个部分事务的真实情况有一个明确的把握，能够更加精准地判断预算需求的合理性。

第二，进一步完善预算评价指标体系。要想制定能够准确衡量预算管理水平的指标，就应当避免"预算用完就好"的不良状态，避免负责预算管理的人员产生私心，实现不再单纯地考虑预算与使用量的关系，将预算与执行效果挂钩。

第三，成立专门的成本预算管理委员会，切实提高成员的专业技术水平，保证预算成本分析的有效性和准确性，把握分析结果背后的意义。另外，每个月需要定期召开委员会会议，对上个月的财务情况进行总结，明确财务状况中存在的不良情况背后的原因，尤其是超支和少支两种情况。

四、夯实教育成本控制的基础

夯实教育成本控制的基础可以从以下几个方面来进行。

第一，提高高校财务管理人员的专业技能水平，高校财务管理人员本身也应该自觉学习他人在财务管理方面的经验，结合具体情况在实际的财务管理工作中进行运用。高校可以定期组织与其他学校的学习及交流活动，促进财务管理人员专业能力的提升。

第二，促进"业财融合"。为了合理地控制成本，实现自身的高质量运营，高校财务相关的部门必须对业务部门的具体情况有深入的了解，将传统的专业化职能的壁垒打破，进一步提高高校系统信息化建设水平。以此为基础，基于打造"业财融合"这一生态新局面的角度，对成本管理组织设计中的财务组织的关键要素进行整合，经过分析和整理，将财务专业语言传递给各业务，使各业务连成一线，工作流程得以优化，为日常经营提供更快捷、准确的信息支持，最大限度降低管理工作的成本。

第三，确保固定资产的基础管理工作的准确性和有效性，精准定位资产的性质，账务处理合理有序，尽可能规避管理不到位的情况，按月计提固定资产折旧，定时盘点和处理存在异常的资产。

第四，在实际成本控制活动中合理运用标准成本法。例如，制定合理准确的高校水电的用量，超过定额的部分采用自费的方式解决，或者采用每日定时配送水电的方法控制资金。这样不仅可以帮助学生养成良好的生活习惯，还可以有效增强学生节约资源的意识。

第三章　新时代高校校院两级管理体制

第一节　新时代高校校院两级管理相关理论

一、校院两级管理的相关概念

（一）两级的概述

本书从现代管理学和高等教育学理论两个角度对两进行了界定。根据高校的组织结构，在两级管理中，"两级"一般是由"校""院"或者"校""系"组成的，学校是独立的，对政府的教育行政部门负有责任。学院是学校的附属机构，它受校党委和行政的领导，对校方负有责任，并根据校方赋予的权限行使自己的职责。校党政部门和直属单位按照学校的管理、协调、指导、服务等职责，由校一级管理，学校与院（系）之间的关系构成高校管理中的二级。两级管理是指学校和二级学院，两级管理关系一般是指学校和院（系）之间的行政关系。

（二）两级管理的内涵

对于两级管理的内涵，学术界根据对两级管理行政制度和行政模式的不同认识，有不同的定义。第一种观点把学院理解为独立运作的、完全自主的、独立运作的准法人，而学校则是一个松散的机构。这样的表述虽然拓展了学院的地位与权力，但其观点无论是从管理学的视角还是从实践上来看，都是很难落实和运作的。第二种观点是今后学校仅负责所有学院共同的事务和全校性的事务，而学院内部的事情则是由学院自行处理。

所谓校院两级管理，就是将行政权力从学校转移到了学院，实现了行政权力的横向转化。校院两级管理的经营实质上是学院制的构建。所谓学院制，就是将一定的权限下放到二级学院，使其成为学校的主体，从而激发其办学的动力。校院两级管理模式的基本思路是：通过下放权力、降低管理重心，以学院为主体，转变职能定位，形成学校和学院的多级治理格局。在此基础上，结合我国大学的现实情况，本书提出了一种基于多层次的行政体制下的重新配置。多层次指的是学校与学院之间的关系，权力的重新配置要符合权责一致的原则。学校要做的关键是要把什么权力下放，把它交给谁。另外，在监督二级学院的过程中，也要对二级学院进行技术上的支持。学院要做的就是接好下放的权利，把人、财、物的权利更好地利用起来，加强学院办学的主动性，提升学院的管理水平。

二、校院两级管理的理论基础

（一）全面质量管理理念

全面质量管理是一种以质量为核心，基于全体人员的参与，其目标是使客户满意，使整个组织的全体成员和整个社会都能从中获益，从而获得长久的成功。基于这样的管理思想，大学管理应以学生的素质为中心，以学生、学校、政府、社会等为基本要素，通过多方的共同努力，使学生的素质得到长期的发展。

在学生质量管理中，强调学生的创新精神与素质是不容置疑的。学生培养的质量，既要注重成绩，又要注重素质，而且要以"德"作为人才培养的第一要务。建立全面质量管理思想是实施质量管理的先决条件和保证。从组织角度看，质量管理是高层管理者使用的一种手段，用以分配"产品"的职权和职责，从而避免高层管理人员进行繁杂的工作，同时确保质量成果令人满意。质量管理工作需要得到上级主管的充分支持。如果没有高层足够的支持，就算别人做得再好，也不会有太大的作用。当学校有了工作，校级的领导要制定政策、制订计划，并对其进行严格的规定；各级学院要严格遵守上级规定，不得出现松懈的情况。质量管理的一个主要特点是从根本上对品质进行控制。要保证学生的素质，就必须从根本上解决问题，通过多方的合作提升学生的质量。

(二)教育分权理论

教育分权是指在后现代社会中,政府为适应社会信息化、知识经济的发展、面对的抉择与挑战而采取的一种新的治理方式。"教育分权"本质上是一种权力不集中于某一方,由多个主体共同承担责任,以保证其正常运作。在一个机构里,权力并不集中在一个人的手里,它只存在于一个机构的内部。教育权力下放的问题更多地体现在学校的行政管理中。学校一级的权力下放给了学院,学院由其本身的特性来划分权力和责任。

从目前的情况看,教育分权的因素可以分为行政管理和财务两个层面。第一,行政权力下放。在我国的教育分权中,行政的作用十分突出。虽然各个大学的教育管理方式不尽相同,但无论哪一种,近年来都会按照"分权"的思路进行校院两级的改革,从而导致了各级主体间的权力转移与再分配。第二,财政分权。人们常常提到教育分权的一个原因是,教育权力下放可以给教育提供更多的资源。通过分摊教育责任,各行政主体将会加大对教育基金的筹措,使基金得到最大限度的合理利用,并对教育效果进行检验。教育财政分权的另外一种方式,就是仍然由中央政府向教育财政提供资金,但要将具体的财政预算和分配权限移交给学院,学院将按其自身的特点来分配。就校院两级管理而言,其内涵可以从授权主体、对象、权力主体三个层面进行重新解读。教育权力下放的目标是学校自主。教育权力下放的权力主要集中在学校层面,而教育权力分散的主要对象则是各级学院和各部门。在学校层次上,主要是要给学校自主权,由学校按照自己的实际情况来分配资源,所分得的资源由各个学院来安排,这样才能提高学生的素质。

(三)组织激励理论

组织激励理论就是通过采用特殊的方法,与组织的管理制度相结合,使员工的工作效率最大化。按照马斯洛的观点,人的需要可以划分为生理需要、安全需求、社会需求、尊重需求和自我满足需求。针对不同阶层的人的需求进行有目标的激励,能产生较好的效果。在今天的社会中,生理、安全、尊重是最基本的需求,而尊重与自我满足的需求则是更高层次的需求。在大学管理中,大部分的第一层次需求得到了满足,而尊重与自我实现的需求变得更为重要和易于实现。

美国行为学家赫兹伯格提出了一种激励因素、保健因素的双因素理论。保健因素是指没有这些因素会让人不开心，从而导致懒惰；激励因素就是当有了这些因素后，工作就会变得愉快和积极，而没有了它们，也不会产生懈怠。大学的激励因素主要有：上级的赏识、工作认可等；保健因素主要有：工作环境、工作关系、政策、薪资、福利等。激励和保健因素在管理主体中发挥着重要的作用，对实现学生质量目标有着积极的影响。

（四）组织结构理论

组织结构理论是一种以最大限度的协调方式来实现管理活动的最优的组织结构。西方目前的组织结构学说主要分为下列四种类型。

1. 科学管理理论

泰勒在他的《科学管理原理》中首次提出了"组织理论"。该理论划分了管理职能，强调了计划的重要意义，实现了计划和实施功能之间的规范化和专业化，使各个部门的管理功能都得到了有效的控制，从而确保了组织的高效运转。这是一种科学的工作方法。

2. 行政管理理论

法国学者亨利·法约尔对等级制组织结构的研究，是管理学的一个重要里程碑。其主要内容包括五大要素、十四条原则。其理论基础是：管理是一种可以适用于各种组织中的各种独立活动的通识教育；职位越高，管理工作的重要性也就越大；管理学是一门必需的课程，人人都要学习。

3. 行政组织理论

德国著名的"组织理论之父"马克斯·韦伯在其管理学著作《社会和经济组织的理论》中对行政组织理论进行了大量的研究。它的理论中心是"理想的行政组织体系"。科层制度是指在一个组织结构中设置三个层级，高层管理者负责决策，中层管理者执行决策，底层管理者执行具体的工作。韦伯主张，所有的行政制度都应该建立在法律的权力之上。此外，机关内的主管人员，应由经过考核遴选的全职主管，在机关内，根据规定的制度和级别设立相应的岗位和职务。它在企业的组织管理中具有重要的意义和深刻的影响，并在现代企业管理中得到了广泛的应用。

4. 系统权变组织结构理论

20世纪六七十年代，系统权变组织结构理论应运而生。这个理论把组织看作是一个通过不断互动的环境而得到发展的开放性体系。其理论的核心在于对组织各个子系统及其相互之间的关系的研究，要求根据实际情况，寻找和运用各种不同的、最适当的管理方式，重视理论和实际的作用和反作用。

三、实施校院两级管理的必要性

（一）有利于建设现代大学制度

明确高校内部和外部组织的关系，是推动我国现代高校体制改革的一个关键环节。一般认为，高校内部组织是学校与学院之间的行政权力和学术权力的联系；高校外部组织是高校和政府间的联系。校院两级管理是现代大学的治理结构的主要手段，实行校院两级管理体制改革是现代大学制度建设的必然趋势。这对推动我国现代高校制度的发展具有重要意义。

所谓的校院两级管理，就是将学校的权力下放给二级学院，让学院变成一个管理机构来管理学生和教师，而学校提升了自己的地位，摆脱了原有的身份，转变了经营方式和方法。

学校从管理者转变为服务提供者，二级学院既享有权利，又必须承担起应负的责任。引入两阶段管理的原因是实施两级管理模式，关键在于管理重心的向下转移、行政权力的下放、管理行为的规范化、宏观和微观运行机制的真正落实、办学热情的提高，以及人才培养质量的实质性提高。

（二）有利于建设高水平大学

20世纪90年代起，国务院从国家发展战略的高度出台了一系列推动高校发展的政策，如"985工程""211工程"及省部共建大学等各种高校建设工程，促进了高校的整体面貌和整体实力的提高，但与国际一流高校相比还有很大的差距。《统筹推进世界一流大学和一流学科建设总体方案》是国家在2015年颁布的，对高校进行再定位，推进"双一流"建设，是当前中国高校建设的一种新形式。"双一流"就是建立一流的大学、一流的专业，这是国家为了适应新时期我国高等教育发展的需要而做出的一项重要的调整，希望这一政策的调整能够提升我们的教育水平，从而增强国家的长期发展能力。

但要建设世界一流的大学、国际知名的学科，绝非一朝一夕之功，任何事物的发展都是有时间的，更何况整个国家的教育系统，这中间必然会有一段很长的时间。我们的教育经历了很长一段时间的发展，既有突破，也有困难。我国在"985工程""211工程"等方面对高校的发展提出了更高的要求。周光礼学者认为，当前我国教育发展面临的问题，包括学校体制、管理体制、技术能力等。也就是说，要达到国家的双一流建设目标，就必须要解决上述问题。首先，要解决制度问题，从外部环境看，是政府和大学的上下级关系和学校内部的严密的科层制。其次，就学校的管理体制问题而言，主要在于高校的组织和管理。最后，就技术能力而言，主要是指管理能力、学术能力和科研能力。这三个方面的障碍几乎都和学校的两级管理有很大的关系。因此，推进学校行政管理的现代化、推进学校内部治理结构的转变，必须实行校院两级管理。校院两级管理的关键在于权力的下放和权力的转换，通过校院两级的管理来实现管理权的下放，丰满的学术权力，既可以解决基层单位没有实权，也可以发挥学院的作用，还可以营造出一种由学术力量支配的校园气氛。这两个问题的解决，极大地增强了学校的活力，而在二级学院实力增强之后，学术力量的丰满也为学校的发展提供了新的平台。

（三）能够迫使内部治理结构改革

迫使学校自发地进行校内管理体制改革，这就要求校方认识到问题所在，而这个举动对学校长远的发展也会造成很大的影响。调查结果显示，随着改革开放，为了适应社会对人才的需要，大学城的日益增多、校园的扩张、学生数量的增加，都使大学进入了一个新的时代，与以前的发展有了很大的不同，但最大的变化就是空间大、数量多。空间大、数量多的特性，在一定程度上满足了某些条件，但也带来了许多问题。这种巨大的变革，对传统的管理方式提出了挑战，为了让大学能够更好地运作，各部门都在扩充自己的部门，提高工作效率。

比如，北京大学就有几十个部门，分别是人事部、财务处、校办、科研部门等，这些部门的职责是向二级学院下达命令，二级学院根据命令进行活动。但是通常情况下，二级学院的主要负责部门只是一间办公室，这间办公室要同时接收数个部门的工作，这让二级学院感到了巨大的压力。而那些没有完成的工作，也让二级学院意识到了自己的管理能力的不足，那势必会给学校带来巨大的压力，甚至会出现浪费人力的现象。在这种情况下，学校是命令下达者，二级学院是命令执行者，这就迫使学校需要认识到问题所在，进行结构改革，使得工作流程更加合理，人员的积极性可以得到最大限度的发挥，进而打破传统的命令对接模式，提升命令的完成效率和效果，从根本上解决问题，进行管理模式、管理体制的积极改革。

而在高校管理不断进行改革和创新的情况下，高校的人才培养能力和水平越来越受到考验，也需要不断提升。而在现在高校体制日趋完善的情况下，我国高校的建设逐渐向前发展，在当前阶段，实行校院两级管理是对高校进行内部治理的一种重要手段，使校院之间的责任更加明确。而二级学院则是大学的基层组织，是教学科研的主体，拥有行政权力和自主的决策和管理权，对教学、科研等相关权力进行分配，精准施策，提供针对性的服务。

第二节　新时代高校校院两级管理体制现状

一、校院两级管理模式

管理模式是对管理活动的过程、方式、内容等进行理论上的抽象和归纳，从而揭示出管理的本质特征的认知风格或规范形态。我国高校的管理模式主要有三种：一是学校对各职能部门的一级管理模式；二是学校对学院的二级管理模式；三是学校—学院—系的三级管理模式。与一级管理模式相比，二级管理模式的职责和权力划分更加清晰。第一种是各个部门直接由学校领导，而第二种管理方式则是将权力下放到学院，学院拥有一定的权力，可以调动学院的积极性和主动性。二级管理模式相对于三级管理模式来说是比较灵活的。三级管理分为学校、院、系三个层次，管理范围很广，如果遇到问题就需要一层一层地管理，在执行任务时也需要由上级主管指派，层层递进，可见第二级管理比第三级管理更加灵活。高校的管理工作包括招生、培养、教学、科研、人事管理、财务管理、学生管理、学生管理、毕业生就业等。

学校根据自己的发展状况，实行统一的管理，将财政权力下放到二级学院，充分发挥二级学院财政自主权，以有效地促进高校资源的使用。但是，高校的经费大部分来自国家，需要经过一轮又一轮的审批，程序繁琐，从而影响了学校的二级财政的及时性。尽管如此，二级学院仍然要做到分级管理，集中核算，合理配置各类资源。同时，学院也有自己的经费来源，如本科生学费、研究生学费、科研管理费、专项基金、校友捐款等。如此一来，学校的经费就会变得更加灵活，可以用来分配教学、奖励教师、开展科研项目。值得注意的是，这笔钱虽然是学院的，但还是要按照学校的规章制度进行审核。

在学校的学生工作中，教学和科研工作是最重要的。教学是学校发展的根本，科学研究是学校前进的根本。教学内容主要有学科建设和人才培养、课程建设、教学管理和运行、教师队伍建设、实践教学、教改课改成果、教育教学科研、人才培养、学科建设、质量监控等。研究的基础是论文发表、专利研发、学术会议、项目申报等。要让科研和教学取得实效，就必须通过考核，细化和量化指标，保证科研和教学的正常进行。

人事管理、学生日常管理及毕业生管理等看似简单，实则复杂。首先，学院并没有真正的决策权，要在学校内部进行人员的调配，需要向人力资源部门提出，而审核流程需要数个月，甚至是一个学期，这样的话，效率就会下降，从而影响学院的发展。其次，学生的日常管理既包括学业，也包括社会实践、就业、生活的管理，虽然看似很简单，却对学生的发展起到了很大的作用。不管是在校、实习、毕业，都要保证他们的权益不受侵害，保证他们能顺利毕业，找到工作。

（一）学校一级管理模式

我国目前有很多校院两级的办学模式，且各高校都有自己的特色，如某大学在学校一级所应用的管理模式如图3-1所示。

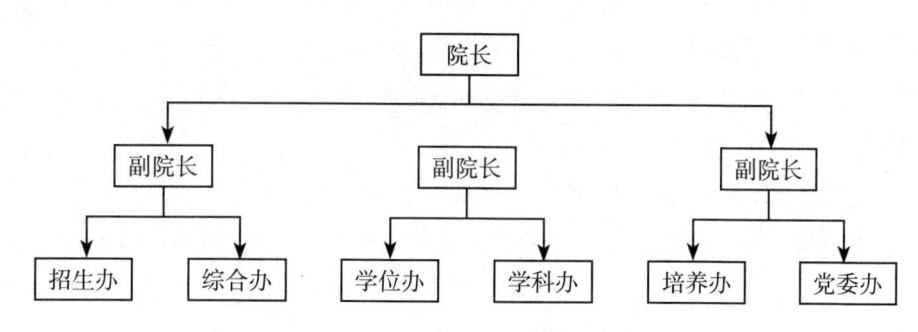

```
                        ┌─────────┐
                        │  院长    │
                        └────┬────┘
         ┌──────────────────┼──────────────────┐
    ┌────┴────┐        ┌────┴────┐        ┌────┴────┐
    │ 副院长  │        │ 副院长  │        │ 副院长  │
    └────┬────┘        └────┬────┘        └────┬────┘
    ┌───┴───┐         ┌────┴────┐         ┌───┴────┐
 ┌──┴──┐ ┌──┴──┐   ┌──┴──┐ ┌───┴──┐   ┌──┴──┐ ┌───┴──┐
 │招生办│ │综合办│   │学位办│ │学科办│   │培养办│ │党委办│
 └─────┘ └─────┘   └─────┘ └─────┘   └─────┘ └─────┘
```

图3–1　某大学一级管理模式结构

各职能部门对副院长负责，各副院长对院长直接负责。各职能部门主要负责的工作如下。

1. 招生管理工作

负责制定学生招生政策、招生计划、实施细则；相关的宣传、报名、考试、复试、录取工作。

2. 培养和学籍的管理

负责学生的教育和科研工作，并负责制定和修改各种学生工作手册、培训计划和课程表；负责制定各类研究生课程、教材、教改等教学品质保障体系；负责教学计划、个人培养计划、教学计划的执行，测试及结果的处理；选修教师，考核录取等。

3. 综合管理工作

负责国家奖学金、学术奖学金的审核，学术伦理和各类竞赛；教师经费的拨付和经费的拨付；学杂费、档案、国有资产保密、防火等；负责对外的宣传工作，与校外各有关部门及机构进行沟通。

4. 学位管理工作

负责学校的学位评审工作；学位申请与评估；学生课题研究，答辩；毕业资格审查，学位授予质量检验和评定；优秀毕业生论文的评选，学位的颁发和资料的报送，以及毕业证书的管理。

5. 学科建设工作

负责学校的相关文件、制度的制定和修改；组织申报、建设、管理、评估重点学科；全面投资申报、实施和绩效评估；申请、评定学位点等。

6.党的行政工作

宣传党的方针和政策；加强对大学生的思想工作；教师、学生党员的工作等。

(二)学院一级管理模式

上述是对学校层面的分析，然后对某大学的各学院进行分析，其中包括：信息工程学院、国际教育、计算机科学、软件、艺术和服装、应用技术和持续教育学院，主要体现在管理职能上，各部门负责学生的工作及各部门的协作。综合各个学院的情况大致可分管学生的组织部门如图3-2所示。

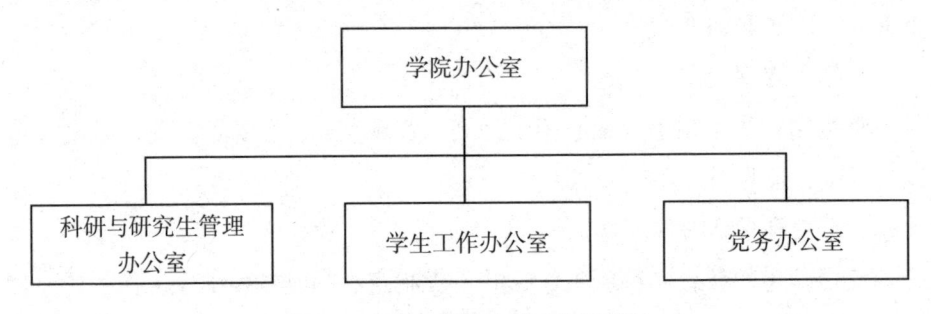

图3-2 学院一级管理模式组织部门

研究和研究机构的主管部门负责研究项目和学生的教学工作。在硕士阶段，提高自己的职业素质，是确保研究生教育质量的重要保障。在研究生阶段，科研占据了很大的比重，不管是文科生还是工科生，都需要在自己的研究领域做出一些成绩。

学生办公室负责学生工作中的行政工作，包括日常生活、毕业后的文件和工作。按照马斯洛的"需要层级"学说，人类最根本的问题在于如何活下去，只有拥有了最起码的生命，才能让他们有更多的空闲时间来从事其他活动。

从外部看，大部分人都会觉得高校的党务工作与大学生的素质没有直接的联系，但是如果我们认真思考一下，有些大学生在心理上会出现一些偏差，这种情况的出现，也会给他们的成长带来或大或小的创伤。现代高校大都有心理咨询室，从我国的实际情况看，它更能激励人向前，激发人的积极性。在学校里设立党务处，经常组织报告会，做一些积极的社会活动，观看党史教育片，可以促进学生的思想发展。只有夯实了思想和心理的根基，才能使学生得到更大的发展。

(三) 校院两级协同管理

校院两级协同管理的重点是学生的培养和管理。学院既是实施学校战略的执行者，也是实施战略规划的一员。学校和学院的管理主体共同参与学生的培养，在高校层面上，既要完成工作，又要了解各高校的状况，不断地调整自己，提高教学质量；同时，要加强对学院的管理和监督，确保教学工作的正常进行。学院也会针对学生的实际情况做出相应的调整，并将这一信息反馈给学校，以便更好地完成学生的教学工作。

学生培养管理的各个环节由学校和学院共同承担。在招收学生时，按照国家的政策制订招生方案。在培训方案的制订上，学院将依据学校的相关政策和学生的个人意愿，提出相应的培训方案；学生上课质量、科研参与、社会实践情况、学位授予等，均由学院负责，由学校监督。管理过程包括日常管理、学习激励、退出、制约等，实质上是由学校来引导，由学院承担工作，并将信息及时回馈给学校；各高校之间有密切的沟通，保证学生的日常工作。

二、我国校院两级管理存在的问题

(一) 传统体制限制

高校大多隶属于国家，所以许多高校在行政管理方面也是参照了国家的行政层级制度。伯顿·克拉克把学校的活动分成了两大部分，即行政活动和学术活动。这两种力量构成了高校的二元结构。

1.科层制的限制

高校内部的官僚体制已经形成。长期以来，学校都是依靠各个部门来协调，形成一种惰性的依附感，只要有了官僚体制，就会形成一个阶层，而在学校的行政工作上，一定要实行科层制，这样才能确保学校的运作。对学校的教师来说，从上到下的管理模式是理所当然的。改革"金字塔"式的管理方式，转变为"同心圆"的管理方式，绝非一朝一夕之功，其间必然会阻碍新体制的发展，从而限制两级行政的正常运行。

2. 权力配置机制不完善

实施校院两级行政，将行政权力下放到二级学院，使其成为学校的主体。校院改革的第一步就是放权，放权的过程必然会牵涉学校、学院的方方面面，目前学校的权力下放还不够彻底，权力的分配还不够完善，学校的管理制度还不健全，对二级学院的管理还不够有信心，在下放的过程中，总是畏首畏尾，害怕权利的松散。学校要有充足的心理准备，以保证校园的安全，提高学生的预防和处理问题的能力。

（二）权责不对等

校院两级管理的重点和难点就是放权，权力的下沉也定然存在一些问题。

1. 权力一放就容易乱

权力一放就容易乱，这是校院两级管理的根本问题，不管是刚刚实行校院两级管理的大学，还是已经有一定成效的大学，权力下放的问题都很多，对于刚刚进行校院两级管理的大学来说，这个问题比较突出。但这并不意味着那些取得了一定成效的学校就没有这种问题。已经放权的学校，在一些重大的权力下放上，依然有很多顾虑。

2. 责权不对等

无论是正式的还是非正式的组织，它都包含着权利与义务，二者是相辅相成的，是构成一个组织的基本原理。法约尔曾经说过，权利与义务是密不可分的，责任是权力的补充，有了权力，就有了责任；有了责任，也必然要赋予它权力。要使一所学校能够正常运作与管理，就必须避免有责无权或有权无责的现象。如果只是将职责给予学院，而不给予相应的权力，那就会影响二级学院的积极性，从而实际的责任与权利之间出现巨大的落差。反之，仅有权利而无责任，或责任过轻，则可能造成权力滥用、违反规定，造成不良后果。高校实施校院两级管理的关键在于：要清楚地确定学院在实现其目标时应具有的责任，同时也要赋予其相应的权利。只有权利和责任是对等的，才能使学院的经营真正起到应有的作用。当前高校中存在着权力与责任不平等的问题，其原因是责任大于权力，责任与权力关系不明确。

（三）规范化管理缺失

1. 管理理念不明确

一方面，目前还没有明确的两级管理概念，只是语言上的表述，但对于一些大学而言，明确和实行两级管理是较有难度的。建立校院两级管理体系，是贯彻《关于开展国家教育体制改革试点的通知》的结果，提出要建立一个现代化的大学体系、创新的管理方式，提升人才的素质，推动高校的办学自主权。同时，为了推进体制改革，大学还制定了两级管理目标，例如：一所高校在《实施办法》中，提出要突破高校管理制度、机制瓶颈，进一步推动重心下移，机构作风转变，切实推进分类指导，充分激发学院办学的主动性和积极性，增强办学活力；要合理配置教育资源，提升教育质量，争创具有特色、多科性、高水平的大学。从政策文件上看，"校院合一"是为了实现二级学院自主办学的目标，旨在激发二级学院的办学热情，培养更多优秀人才；让教育回归到教学之中，让它真正地发挥自己的价值。这个看起来很清晰的目标，在真正进入二级学院的时候，现实情况与目标有较大出入。比如，二级学院对"好"的标准是什么，没有一个清晰的概念。一种说法就是要像西方国家一样，建立二级单位各自负责，一级单位负责外部的事情。但在这样的情况下，各大高校都会因为缺乏资源的调动而陷入两难境地，甚至出现二级学院对学校管理不服从的现象。而且，如果学校掌握了很大的权利，那么就会造成权责上的不平等，因此大学在建立校院两级管理时，往往会出现左右摇摆、难以把握的情况。一方面，人们对这一要求的标准很模糊，如谁是最优秀的人才，谁来确定最好的人才，如果只有一个标准，那就缺乏真实性；如果太过复杂，就会大大增加工作的难度。最理想的情况就是提升师资力量，增加资源，长期下去结果会完全不同。这就是一味地落实一部分权力的下放，却忽略这些权力下放的本质，把作用无形之中化解。

另一方面，不同的大学也有自己的特点，重点大学、一本大学、二本大学等大学的性质也有很大的差别，如综合性大学、多学科融合大学、单一型大学等，这些问题都需要由校院两级管理来解决的，各个大学的问题来源都不一样，"治病问诊"的重点是找出问题的根源，但如果不清楚，就会导致管理上的混乱。

2. 管理制度缺失

从现代开始,我国大学实行集权制,学校的行政权力主要集中在学校层面,而随着管理工作的复杂化和多样化,二级学院基层组织的规模也越来越大,管理的难度也越来越大。我国大学的传统教育方式被迫进行了变革,并提出了"校院合一""分权""院为实体""简政放权"等新理念。这种改革,对于二级学院而言,还是第一次,没有太多的经验,这也是造成混乱的原因。

3. 执行碎片化

所谓的执行碎片化,也可以说是学校与学院两个层次各自发挥"自主裁量权"。各个大学之间制定的两级管理办法中就有关于哪些权力下放的问题。这是由学校根据所有二级学院的共同问题建立起来的,它的特征是笼统的,没有特定的目标,学校的权力、事务和收益都有很大的差别,而这种差别也会对各个二级学院造成不同的影响。同时,二级学院在执行有关问题时,也有一定的"自主权"。

(四)服务协调不到位

协调服务是两级管理的最后一步,在校院两级管理中,各大学都会召开会议,制订具体的实施方案,将权力移交给学院,虽然已经展现出一定的成效,但在执行的过程中仍存在很多问题。

1. 学校层面对二级学院的不够信任

在权力下放方面,不能坚持大胆创新,仅重视权力下放的消极效应或选择性的权力下放,而真正的权力还是在学校。比如,关于人才的培养,因为担心学院对学生的管理不够严格,最后还是由学校来决定。不过,有些学校会代替学院来做决定。而且学校也觉得,任何一个二级学院都没有这个实力,只能靠着各大学院之间的联系,而不是将所有的二级学院都统一在一起。这样的话,二级学院在做出最佳的决策时,就不会顾及自己的所作所为给其他二级学院带来负面的影响,导致学校的协调活动不能实现帕累托优化分配。所以在这样的背景下,学校必须考虑到各个方面的因素,这样一来,分权就会大大降低。

2.学校职能部门身份转变缓慢

在长期的科层制影响下，几十年积累的效应很难改变。学校的职能部门作为行政管理角色，在正常的使用权力时会习惯性地将一些重要的权力掌控在手中，往往落下去的都是琐碎的事务，无法进一步推动二级学院的发展。使学校职能部门从管理角色转换为服务性的角色，现在仍然是一个相对缓慢的过程。

3.二级学院机构的不完善性

我们可以看出，高校的职能部门非常完备，也非常的丰富，它承担着学校各种相关的工作。而作为一个二级学院，它的职能就被压缩了。在二级学院中，只有学院的行政办公室与学校对接各类事务，学校担心过多地下放权力会使二级学院无法承接，进而导致学校只能退而求其次地选择性放权。

第三节 国外高校内部管理模式的主要特点及对我国的启示

一、国外高校内部管理体制形式和特点

国外大学一直在内部管理体制上不断地进行探索和实践，特别是校院两级管理模式。欧洲、美国、日本都在不断地进行着传统的校院管理制度的变革和调整。这一做法对我国大学校院两级管理制度改革具有一定的借鉴意义。

（一）法国高校的内部管理体制

法国于1984年1月26日颁布了《高等教育法案》，这一法案是对过去"教学科研单位"的改革与调整。该法案指出：法国大学由被称为"教学与研究单位"的学院组织而成，这些"教学与研究单位"在规模与结构上各不相同，这是因为它们可以由一个学院的一个部分组成，也可以由一个学院或者一系列的学院组成。教学科研机构是高校的主体，它的职能包括行政和教育。

法国大学有一套完整的内部管理系统：总校—分校—院（学系）—系。每个部门都由学院的成员选出行政主管领导。由科学委员会、大学学习与生活委员会、大学教学委员会共同构成，前者提出议案，由大学教学委员会做出决定。学校的课程管理、学生的日常活动等，都是由学校的学习与生活委员会

共同承担。教务委员会也有责任收集、整理、分析、研究机构提出的各种需求及建议，依实情合理设定学术及行政职务，并于年度末决定明年的基本建设经费拨款。科学委员会、大学学业与生活委员会、大学教务委员会的成员亦有严格的比例及遴选程序。法国大学首次实施校院两级管理，经过不断的改革、改进，现已运行较为成熟。

（二）德国高校的内部管理体制

德国大学历来坚持传统，学术院校通常由神学、法学、医学、哲学四大学科构成。20世纪60年代，逐步实行多科制，以拓展学科范围，推动新的学科发展。德国大学的校长制度和主席制度是德国大学普遍采用的两种领导机构。高校实行主席团制管理体制一般是：行政一级为高校主席团、高校理事会和大学评议会；二级则是各个科系，科系下设教研室和研究所。第一级委员会为荣誉职位，负责就校务发展提供建议，并定期向主席团汇报工作；高校评议会成员包括教授、学生、学术委员；技术人员和行政人员只是在学校里做一些日常工作，并没有什么决策的权力。校董会是学校的主要管理机构，包括规划、科研、财务、教学、人事、法律事务、校舍管理、技术等。德国各学院以学科为中心，各学科均设有教授、学者及学生代表。教研室的教学和人事财务工作等工作由教授负责。德国大学的内部管理模式使得德国大学在教学与科研结合、教学自由、教授治校、学术自由等方面都具备了很好的条件。

（三）美国高校的内部管理体制

美国高校建立了比较完善的三级管理体系，即大学—学院—系。高校的权力由董事会、校长、评议会三部分构成，三者之间互相制约、协作、监督。尽管校长是学校的核心力量，但受到董事会和评议会的监督。可以说，美国的大学实行了由董事会主导的"校长负责制"，董事会成员代表着各个不同的利益群体，负责委任校长和批准学校发展的基本问题及基本方针，由校长执行董事会的决策。董事会对大学有最根本的责任，校长在董事会的意愿中实施对大学的管理，而校长与董事会也是利益相关，两者之间既有权利的约束，也有合作的可能。美国高校评议会是大学学术权威的象征，其职权包括课程设置、学科专业设置、职称晋升和学术批判。

美国高校的二级学院通常分为文科学院和专业学院，各学院又按特定的学科群设置。学院作为学校的行政管理重心，其学术和日常工作都是由院长来承担。在学校里，还有教授会、院务会、课程委员会等，它们代表着学生的利益，并对校长的行政实施实行民主的监督。在美国，系是最基础的机构，系主任在各自的专业中有很高的地位。系以教务、科研为主，但应注意的是，系具有教师职称评聘决定权和课程设置学位授予等学术权力。

二、国外高校内部管理体制对我国高校校院两级管理体制改革的启示

在高校内部管理中，国外高校基本采取了"校院"分层的管理方式。21世纪，世界各国高校仍沿用学校的等级制，在实施上更加科学化、精细化、人性化，并且具有很强的可操作性。实践证明，"校院"管理是高校自主、自由、制约、监督和稳定发展的内在动力。随着大学实施分层管理，大学的法治、民主化进程明显加快。在西方，学校行政管理既继承了优良传统，又在不断地进行改革与创新，对我国高校行政管理制度的改革与发展具有重要的参考价值。

（一）校院两级管理体制是高校内部管理的理想体制

经过几百年的发展，目前欧美大学仍然沿用校院二级管理体制，积极探索、稳妥推进、改革完善，促进了国外大学的发展。校院管理体制先进，组织结构健全，权力制衡。随着时代的发展，校院两级的管理制度在高校的内部治理体系中仍具有较强的活力，至今仍是高校的一种行之有效的管理模式，为我国高校的内部治理提供了有益的参考。纵观国内高校的校院管理体制改革，高校的内部运作效率得到了显著的提升，发展速度也得到了普遍的提升。可见直到今天，校院两级管理仍然是一种较为理想的内部治理体系。

（二）院系管理是重心

在外国，学校的管理体制是以学校为核心的，它既是一个行政单位，又是一个经济组织，在课程设置、教学科研管理、教师职称晋升、学生管理、后勤保障、创新创业、在与外界沟通等领域，均享有一定的管理与分配权力。作

为学校组成单位，它是高校的基石，它是实现教育和科研的一个重要的理论组织。从这一点可以看出，高校的行政活动与学术活动都是由学院来进行的，其基本目的与使命的实现与其行政、学术管理密切相关。学院在外国高校中的核心地位是无法动摇的，其良性、有效的运作与发展是学校存在与发展的基础。

（三）责权利规范是基础

国外不同大学的校院两级管理制度虽然有一定的差别，但基本是学校和学院之间的责任、权力和利益的分配，这是校院两级管理制度改革的关键。国外高校在日常管理中，为防止权力过分集中，使行政与学术的力量最大化地发挥，均采用个人负责制与会议制衡权力相结合的管理机制。该制度清晰明确，权力制约机制完善，有效地防止了行政人员的横向干涉，保证了科学、民主、有效地进行权力决策。在创新管理中实现行政管理和高校自主的平衡，可以规范、有序地执行学校的职责范围、决策程序和监督决策的职能，并根据自己的议事规则，履行咨询、审议、决策、监督、问责等职能。这样的问询与监督既能促进高校内部的竞争，又能为学校的发展提供客观的参考，还能为教育资源的公平、合理配置打下坚实的基础。责任规范的权力制衡，既能充分利用集体领导的智慧，也能保证校长、院长或学院主任恰当、适当地行使自己的职权。

（四）学术主导是原则

国外大学一般都有尊重知识的传统，大学的校长是由教授推选出来的，而学院的院长和系主任，在各自的专业中拥有很高的学术地位，这也是国外的大学可以做到学术主导、学术自由的重要原因。学术主导与学术自由是互相促进、共同发展的。外国高校的权力中心仍然在继续向下移动，院系的独立性也呈现不断扩大的趋势，各类专业技术人才的部务委员会等组织均已介入院系工作中，并对其做出重大决策；各委员会的会长通常是由系主任来担任，这样才能达到行政与学术之间的协调与均衡。随着高校的学术优势日益巩固，高校教师的学术自由也使其与学校的利益保持了较高的一致性。在国外，专家学者治校已是一个现实，并已成为一种主流的管理文化。

（五）校院两级管理体制改革是高校发展必由之路

健全的制度是促进高校发展的动力，不合理的制度制约着高校的发展。

国外高校几百年的办学实践证明，以"以院为本"的高校办学模式是高校办学的必然选择。中国高等教育发展的起步阶段可以将外国的管理体制作为参考，调整、改革、创新是其发展的第二步。学习与吸收是中国大学管理体制改革的思路与方法。

第四节　推进我国高校校院两级管理体制改革的对策路径

一、重组校内机构，形成适应学校发展的科学管理体制

（一）推进机构设置改革，实现高效运行管理

机构改革是高校行政体制改革的一个直接而又有效的方法。其主要措施是将高校管理中类似职能进行整合，避免职能交叉重叠，精简机构，提高运行管理水平，积极推进高校管理机构改革向"大部门、大职能、大服务"转变。在对高校组织职能进行全面梳理的基础上，结合其自身的特点、承担的基本职责、现实运作的需要，对其进行了重新划分，形成了党群工作、教学科研、总务保障、学生综合服务、合作发展等"大职能"结构。这种整合过程本质上是一种权力结构的重构，也是重构权力结构的必要条件、重要环节和基础工程；这种一体化进程扩大了单一的行政管理功能，并顺利地将权力下放到基层的学术机构，推动了行政中心的下移。其本质上也是当前社会治理理念转变的必然要求。

高校的体制改革必将解决长期以来制约着高校发展的低效管理难题，加快校级行政体系的建立，以目标管理为中心，实现对校级行政体系的宏观调控，实现高效、精干、有序的校级行政体系；建立优化、精干、高效的队伍；与大学教师的管理制度相适应。大学在管理、服务等方面的作用会越来越明显，其宏观和学术管理的作用也会越来越明显。

（二）科学设置学科专业，调整重组二级院所

在构建学校、学院、学科专业三位一体的特色支撑体系的过程中，应加强学校的特色，明确学院、学校、学科专业在行业现代组织架构中的分工，

彰显行业特色，学校办学特色由学院行业特色学科支撑，学院行业特色由相关学科、专业支撑。在这一系统的不断发展下，逐渐形成具有鲜明行业特征、职责明确的学校、学院、学科专业三位一体的特色支撑体系。加强学科和专业布局，调整专业结构，加强学科建设。比如，在具有行业特色的大学中，可以采取如下的措施：在学科设置上，学科与学院"角色"相一致；在专业设置上，尽量贴近相近的学科，减少专业方向的交叉；在学科与专业发展方面，要突出行业特点，强化优势学科，支持和发展壮大公共基础学科，培育成效较显著、发展势头较好的非行业特色类学科专业，打造新品牌。对那些突出行业特点的专业，要限期整改，暂停招生，甚至撤销专业。学院在寻找与产业结合点的同时，也应重视错位发展。这种有机的融合，使学科与学科的布局更加科学，更加合理，更加突出了行业特色，学科团队实力得以凝聚，也为做大做强相关学科团队夯实了基础，同时也加大了科研与行业的契合度和专业与学科的匹配度。

推动机构改革，科学地进行学科专业设置，调整与重组二级学院，是高校和院系一体化发展的重要举措。这是高校资源合理分配、资源配置与运作的基础工程，是高校内部资源配置与运作的最佳化，是构建相互制衡的权力结构和实现优化绩效评价机制的前提工作、基础工程。从根本上说，这是为实施供给侧改革提供了一种既能适应经济和社会需要的有效的人才培养服务，又避免了校院两级管理中存在的异化现象，从而实现了对学校资源的再分配。只有在学院成为办学主体之后，才有更多权力。一旦学院关系理顺，学校的管理重心就会向下倾斜，在获得了教学、科研、人事、财务等方面的自主权后，就会担负起加强学科建设、提升人才培养质量、加大服务区域经济社会发展等几大职能，校级集权模式也将被彻底打破。

（三）根据分类管理目标，合理优化配置校院两级资源

从长远的战略眼光看，专业、学科、学院的科学配置，使学科建设的方向、重点和隶属关系得到了清晰的界定，从而为资源的合理配置和高效的使用打下了良好的基础。学校立足于品质与效益，按照整体规划的发展制订资源分配方案，既要突出发展优势，又要满足社会需要，还要重视培养新的发展增长

点。按照学科建设、人才培养质量，从地区经济、社会发展等方面对资源进行分级，并制定相应的评估标准和评估机制。这样大学才能将办学质量效益、特色亮点、成果等因素纳入竞争中，形成明确的导向和目标，从而得到更多的资源配置。在此基础上，可以针对不同的建设目标与重点，避免因低级重复建设而导致的资源浪费。在资源配置中要把过程控制和效益优先等原则结合起来，由相关部门根据相关指标，对人力、财力、物力进行追踪，积极主动地对接。在资源分配方面，要重视审批与监管，并对资源利用效率、维护状况等指标进行指导性评估；评估结果将直接用于下一阶段的资源配置。

二、构建相互制衡的权责

（一）科学界定校院权责边界

校院关系的界定是校院两级管理体制改革的关键。编制一份权力清单，详细列出校院两级或者是校院系三级之间的权力、职能等的关系，是校院两级管理的核心。此外，结合学校和学院的具体情况，列出一份详尽的人权、事权、物权的清单，这是校院两级管理制度的重要组成部分。在校院两级管理模式下，高校的首要角色应该是全面把握全局、方向性、战略性的重大问题，并为其提供宏观决策和管理。学校在管理、监督、服务和保障各个部门的工作中发挥着重要作用。学校负责制订中长期发展规划，及时修正学校发展方向，统筹管理重大事务，监督检查二级学院的办学质量，并做好服务保障、突发事件处理、公关工作。学校从常规的制度检查、教学评估、目标管理和继续考核等方面，使学院的办学水平得到提高。学院的管理权力主要表现在培养人才、学科专业、科研、服务社会、组织人事、财政自主权等方面，以及通过建立自身发展、自我约束的机制，以达到办学效益最大化。

（二）不断完善民主管理体制，优化校级管理内部权力运行框架

在学校的经营活动中，"四位一体"权力运行的组织架构是：以校长为中心的行政权力，以行政权力为主体的教授权力，以教授为主体的学术权力，以师生为主体的民主管理权力。一是《中华人民共和国高等教育法》要坚持和完善学校校长负责制，维护以党委为主导、强化集体领导、科学决策为中心的

思想。二是要强化高校的学术威信。学校的学术组织负责决策、审议和评估；具有咨询和监督的独立权利。《国家中长期教育改革和发展规划纲要》明确提出，要在学科建设、学术评价和学术发展中，充分发挥学术委员会的作用；在教学、科研、管理等方面，充分发挥教授的作用。只有将学术问题的决定权还给学术组织，让它真正发挥作用，才能保证学术权威的提高。要充分发挥社会团体的监督和参与作用，完善师生代表大会，特别是涉及教师切身利益的工作，在人文关怀、工资福利、住房医疗等领域，充分行使集体决策和民主管理权。学生参与学校的民主管理，保障其合法权益。建立咨询、质询、问责等制度，形成行政权力、学术权力、民主监督权力的清晰关系；相互制约、相互促进的关系。

（三）创新基层学术组织，构建以保障学术自由为核心的院级权力系统

1. 凸显学术组织在二级学院中的学术核心地位

在校院两级管理体制下，各高校根据各自的职权，分别行使着各自的行政权力。党政联席会议制度是学校党委和政府之间的一项重要决策机制，由党委、政府和其他学术组织组成，作为高校的学术权威，为学校的发展提供决策建议和评价。在实践中，行政和学术权力的冲突日益突出，只有从根本上保持学术自治，才能做到真正的学术自主。对基层学术组织进行改革，厘清行政与学术权力的边界，强化学术权威。学术机构大都是以非行政领导的教授、少数副教授为主体，充分体现了其在学术权力中的话语权、决策权和表决权。

2. 创新基层学术组织结构模式

科学地设定高校基层组织的组织形态，使之不断变化与创新，朝着多样化、灵活性、适用性发展。改革基层高校，在维持其原有的、稳定性的前提下，构建面向问题的、动态的基层学科；建立基于单一学科的多学科、多层次的基层学术机构；建设以科研基地为核心的研究机构。通过设立产学研合作研究机构、设立独立科研机构等，促进基层学术机构的繁荣发展，引导和顺应经济发展趋势，这就是大学的功能。

3. 规范基层学术组织健康有序发展

加强基层学术组织的作用，是我国高校内部管理制度改革的一项重要措

施。一方面，要确保高校管理中的学术自由，营造学术自由的环境，提倡勇于创新，突出学术人才的价值，提高学术工作者的职业幸福感；另一方面，要制定相应的制度，规范学术机构的设立和运作，并对其进行管理，以保证其运作的最优。

只有完善基层学术机构，才能保证高校内部正常有序地发展，实现"专家治学"，保持学术理想，弘扬学术文化。

4.强化权力制约监督体系

（1）强化权力制衡的配套措施

高校院级行政是否能够有效地执行，与决策权、执行权、监督权是否相对独立紧密相关。一是要建立清晰的分权体系。校院两级管理办法要科学、具体、操作性强，要有完善的宏观管理体系，要有"二级学院管理条例"等具体的文件，要对学院的内部管理责任、民主管理、决策制度等进行严格的规定，使权力处于制度的范围之内。二是完善学校的权力运作机制，确定和严格执行党委会校长办公会和党政联席会的各项议事规则，将"三重一大"决策实施细则贯彻到学校、院的决策中，确保决策的科学化、规范化。对每个具体的经营，都有具体的经营方法和工作程序。三是要健全大学教师理事会等学术机构的运作。要建立起教授治学的管理体系和程序，确保其运作有章可循，并在实践中不断总结经验，发现并修正问题，使其发挥出更好的作用。通过对大学的宏观调控机制的调整，强化大学的中观与微观机制。四是在大学章程的规定范围内办学、治学、治校。

（2）构建监督体系

健全高校权力腐败的惩戒机制，应强化民主监督，健全教职工代表大会、学生代表大会等方面的民主监督制度；加强纪检监察工作，督促检查"一岗双责"；要严格落实党风廉政建设责任制，严格执行《中国共产党问责条例》，严格问责，用问责的方式推动责任的落实；要按照《中国共产党党内监督条例（试行）》的规定，建立党委统一领导、党政齐抓共管、纪委组织协调、部门各司其职的制度体系。同时，加强审计机关的监管功能，既要做好离职审计，又要做好工作流程审计。

(3)完善校务院务公开监督机制

完善校务院务公开监督机制，是对校务院务工作进行监督和管理的先决条件。建立一套详尽的校务院务公开制度，列出所有需要公开的事项，公开学校办学指导性重大事项、领导班子建设和党风廉政建设上的重要事项，公开师生关心的涉及其利益的热点焦点问题。同时，要做到有针对性、实效性、透明性，并在法律的约束下公开大众所能知道的所有事情。校务院务公开是促进学校发展，营造和谐、积极的工作氛围的有效途径。教师通过"校务院务公开"这个平台，对学校各项工作进行全方位的监控和服务，可推动大学的健康发展。

三、优化绩效评价机制

（一）采取三位一体的考核机制

通过实施分类考核、目标考核、底线考核，确立学校在校院两级管理体制改革中的宏观决策和监管地位。

实施分类考核。各高校的学科体系就像一座"宝塔"，有"塔尖"，也有"塔身"和"塔基"。当前，高校大力提倡建立一流学科、一流专业，开展学科专业评价工作。每个大学都有自己的特色，每个专业都有自己的发展规律，不能用优势学科的标准来衡量普通的学科，也不能用传统的学科来衡量新兴的学科，更不要用工科来衡量文科。在深化校院两级管理制度的改革中，分级考评已成为一种重要的评价手段。在不同的发展模式下，各院校将会根据各自在不同的发展模式中所发挥的不同作用，制定不同的评价标准和指标，指导不同的院校坚持特色发展、错位发展，在不同层次、不同领域办出特色、争创一流。

执行目标评估。目标评估任务明确，责任明确，是实现目标管理的关键。在制订评价指标时，首先要从"准"入手，从教育、教学、学科建设等方面构建一套完整的评价体系；建立以学科建设、科技成果转化为核心的一系列一级、二级指标体系。至于如何确定考核对象，由学院自行决定，由学院教授委员会和教职工代表大会共同审核，并将其提交到学校。这样一来，就不会有"外行人带内行"的局面了。其次要"重"，即考核结果和学校党委、政府工作人员的工作绩效直接挂钩。最后是"长"，在尊重学术研究规律、尊重人才成长规律、队伍发展规律的基础上，制定一套阶段性、年度评价体系。

实施底线考核。党的纪律是国家的根本，在党风廉政建设、校园安全稳定、党的建设等方面，划定一条"红线"。要在中长期发展战略的指引下，立足于发展大局，不断创新，使高校的发展与自身发展的特色紧密结合；要避免部分高校出现"停滞不前""不思进取"的情况。

（二）采取定量考核指标和定性考核指标相结合的方式

为了反映评价结果的客观、公平，将教学、科研、学科建设、师资队伍和学生管理等量化指标纳入量化评价指标；将其他指标、学位与研究生教育、对外交流合作、财务管理及其他工作纳入考核范围。每一轮的评价指标都是由有关职能部门制定的，量化的评价标准要综合考虑学院在人力、财力、物力等方面的投入，以及各个专业之间的差异。

定性评估是对高校整体办学业绩的评估，主要包括：制定和实施教育规划、制度建设和创新、教学质量和教学改革；学科排名，社会声誉，党建等工作；学校精神文明建设中的突出亮点，学校发展等。评价的标准由校方评审工作小组负责。在人才培养、科研和社会服务、文化传承等方面取得了一定的影响力，可以被评定为及格或以上，学校评审工作小组将对代表性作品进行评审。年度工作中发生以下重大过失的，年终评估级别下降一次：安全、学术道德、综合治理等事故，对学校的发展造成严重的不良影响；有严重违法违纪行为，对学校造成危害；发生严重的安全和人员伤亡的情况；严重的教育事故。重大工作失误的细化界定由相关职能部门负责，学校审定。教学工作考核后三名的学院，不得评为优秀。

（三）正确运用考核结果

考核的最终结果可作为绩效考核的一个重要依据。考核的结果应与专业设置、招生计划、项目申报、经费分配、职称评聘、干部任用、奖励和惩罚等挂钩。对各学校、学院党政负责人、领导班子成员、教师等进行考核，可根据其对学校学院做出的成绩，按所定的目标重新进行评价。学校要对优秀教师进行表扬，并将其列为重点升迁和任用的基础。对没有考核合格的学校、学院党政负责人、领导班子成员、教师，要按照一定的标准给予相应的处理。对不合格的学校给予警示，由党委、组织部责令其限期纠正；将撤销对校级领导班子的选拔；在试用期间，校党委书记将延长一年的试用期限，未在试用期间的学校领导干部，将在一年之内不得晋升；对两年不及格的党委和政府一把手，根据实际情况给予开除处分。

大学工作的评价是一个动态而复杂的过程，随着时代的发展和社会的需要，大学的作用日益凸显，其办学的要求和质量也在不断地改变，反映学校办学质量的各种指标也随之发生了变化，并要及时做出相应的调整。

第四章 新时代高校学生管理体制

第一节 新时代高校学生管理相关理论

一、高校学生管理的内涵

《高等教育法规实用教程》中将大学生管理的概念界定为：这是一种对大学生进行管理的一种系统性的政策和措施，是一种综合了各种政策和措施的制度。它的目的是组织、引导和调节学生的学习、人生及其各种社会关系，其宗旨是使学生个体的德智体美全面发展，从而达到教育的目的。但在此过程中，管理体系的主体不能只限于学校，而且要充分体现学生的主体性，要使学生在自我管理中扮演更重要的角色。

狭义的学生管理是指管理学生的日常工作，如管理宿舍、安全教育、财务资助等；奖惩、组织建设等内容，包括学生在学校的各个方面。在学生发展的过程中，学生的思想教育、心理健康咨询、学生评价等都是学生思想与学习的重要内容。为此，教育部于2005年颁布了《普通高等学校学生管理规定》，从七个方面制定了高校学生管理制度。大学生管理具有教育性、持续性、开放性、实践性等特征，因此在实践中要遵循实际性、服务性、制度化的原则，以达到全面提高大学生综合素质的目的。

在实施学生管理的过程中，要处理以下的关系。一是学生管理与规章制度的关系。高校学生管理要通过制定和执行相应的规章制度来达到。教育部依据党和国家的教育政策，结合我国大学生的成长特征，以及多年的工作实践，制定了《普通高等学校学生管理规定》。各大学根据自身的实际实行整章建制，制定了一套符合学校发展状况的规范。学生管理活动的实践，也使得规章制度的内涵更加完整、更加科学。二是学生管理与思想教育的关系。在强调管理工作的重要性的同时，也不能忽视思想教育的重要作用。如果仅仅注重严格的管理，而忽略了思想工作，或者仅重视思想工作而忽略了按章管理，都是一种片面的、不可取的行为。管理本身就是一种教育方式，而教育是实现管理的保障，因此必须将严格的管理与思想教育相结合，才能使学校工作真正有条不紊。这一点已经得到了实践的证实。

二、高校学生管理工作职能

（一）早期高校学生管理工作职能

教学管理是我国高校首次提出的一项管理制度。最典型的例子就是学籍管理，它包括了登记、记录考试的分数、升级、留级、降级、休学、复学、退学、考勤、纪律、奖惩、文凭等。《普通高等学校学生管理规定》于1990年首次出台，其中明确提出了对学生学习、生活、行为的管理。其主要包括：学籍管理，考试违规管理；学生入学登记，升级；降级，休学，复学；办理退学、毕业、转系等行政问题。在此基础上，我国的高校教育工作者也开始对学生进行严格的管理，并在各个领域都得到了迅速的发展，同时也面临着更大的挑战。加强对大学生的管理，包括网络教育、心理健康教育、助学、就业指导等一系列全新的问题，应从"严管"变为"知行合一""服务型""全方位"的管理。同时，还要应教育工作者深入学生管理的第一线，对教育工作者进行专职、系统、科学的岗前辅导，持续提高教学管理人员的素质和工作能力。国外高校的学生管理更多地关注于服务，以学生为主要的服务对象，根据其自身特征和发展趋势，制订出一套科学的管理方法。通过开展丰富多彩的校园文化活动，培养学生的个性和素质。

（二）当今高校学生管理工作职能

大学生管理是大学生在学习活动中进行计划、组织、协调、控制的过程。它是以大学生为主要对象，根据国家的政策和规定，对学生进行全面的教育和管理的过程。它是一个能够让学生有计划、有目标地进行学习的过程。根据我国高校学生管理的历史，可以将其划分为狭义的"学生管理"和"广义的

"学生管理"。广义上是"管理学生（人）、管理工作（事）"。学生管理属于狭义上的"学生管理"，也就是"管理学生"，可从以下三个角度对其进行划分：一是根据学生的行为形态，可以分为学习管理、班级管理、生活管理、生活管理、行为管理、能力管理、常规管理；二是根据所接受的教育内容，可以分为德育、智育、体育、卫生、美育、劳动技术等领域的管理工作；三是从管理的角度来看，可以分为自我管理、班级管理。在对学生管理的作用上，我们可以把它划分为三大类：教师，保证了课程的整体和综合性，使学生学到了东西；支持和帮助学生发展，这就是对学生的知识与技巧的提高；行政主管，代表学校，这就是要制订和执行学校有关促进学生学习与发展的各项政策法规，对学生的行为进行控制、约束和规范。

三、高校学生管理的基本原则和方法

（一）高校学生管理的基本原则

社会主义大学学生管理基本原则是根据学生管理工作的目的、任务和培养学生成为社会主义合格人才的客观规律制定的，它制约和指导着其他个别和特殊原则。

1. 理论与实践相结合的原则

理论联系实际，实践是检验真理的唯一标准，是高校学生管理工作的重要内容。正确理解、掌握与运用马克思主义有关的科学与管理理论，并从中把握其精神本质，是做好高校学生管理工作的先决条件。然而管理原则在学校、管理对象、管理人员的层次等方面的实际应用价值和作用范围都会受到影响。我们党和国家在社会主义现代化的进程中，制定了一系列的方针、政策，并在不同的发展阶段，根据各自的特点制定了一套具体要求。这些方针、政策、要求，都要在具体的措施和方法上体现出来。而科学的学生管理，要从本地区、本校、本专业、本年级的实际出发，从学生的素质、兴趣、爱好、生理、心理特点等方面，制定科学的学生管理办法。

2. 行政管理与思想教育相结合的原则

社会主义思想道德的养成，不仅要有耐心、细心的说理教育，还要有持

续的行为训练，才能把学校的教育需求转化为行为习惯，巩固教育的成效。要培养学生良好的行为习惯，必须进行科学的管理，而缺少了合理的制度、行为准则，就会导致思想工作的软弱无力。行政管理对于培养社会主义高素质的人才有着不可忽略的作用，其主要功能是提供规范、准则和纪律保障，而对其进行具体的管理，主要是通过规章制度和行为纪律来引导和约束学生的行为。这种制度、措施、纪律表现为社会和学校集体意愿对大学生的要求，以及对大学生的行为的外部制约。因而，仅靠行政制度来处理学生的心理问题，既违反了教育的规律，又不现实。社会主义大学实行学生管理的各项措施，应以增强学生的意识、自觉遵守规则为先决条件。只有通过科学、有效的思想教育，培养学生的自律意识，才能使学校的管理工作发挥出应有的作用。

3.民主管理原则

在高校学生管理工作中，为了加强学生自我控制、自我管理的能力，激发学生的主动意识和主人翁态度，应实行民主管理，与学校的总体管理目标相一致。

从大学生的心理特点来看，大学生正处在自我探索的阶段，在这个阶段，他们有很强的认识和支配自我、支配环境的意识，他们的思维和行动都有与初中生显著不同的相对独立的倾向，他们的意愿和个性在社会上得到更多的尊重。他们会考虑到学校制定的规章制度、行为准则的合理性，通常不愿意被动地接受和服从，而要求参加管理。要从高校的办学宗旨和学生的心理特征出发，充分发挥高校的民主意识，使学生既是管理的客体，也是管理的主体。在实施民主管理的过程中，要充分发挥党团员学生的作用，加强对学生干部的选拔和培训，是激发学生积极性、促进学生民主管理的一项重要工作。

（二）高校学生管理的方法

高校学生管理的方法是根据其管理原则，为实现大学生培养目标而在德、智、体、美、劳及其他方面所采取的具体方式、步骤、途径和手段。一般有以下几种方法。

1.调查研究

要经常调查、了解和掌握学生的状况，并及时采取相应的对策。调查研究要认真地计划调查对象、调查目的和调查方法，不要仓促行事。在调查中要做到不设框架，要实事求是，不能以上级单位或某人的指示、意见为结论，要到基层寻找材料佐证。在调查的基础上，要运用马克思主义的立场、观点和方法，对调查材料、调查对象进行分析、综合和研究。

2. 建立规章制度

建立一套科学的高校管理体系是高校学生管理工作的重要途径。该制度应与学生的身心发展特征相适应，与教育规律相适应，与培养目标相适应。在教育发展过程中，制度必须保持相应的稳定性。

3. 实施行政权限

根据学生的管理目标制定一系列的规章制度、执行措施和行为准则，运用行政手段对学生进行管理，并由相关的管理机构、人员和师生进行监督，以确保学生的集体和个人活动能够满足管理的目的。行政手段包括表扬与惩罚：对遵守管理制度和行为规范的单位和个人都要给予奖励；对于违反管理制度、行为不符合规定的单位和个人，要有明确的限制措施，并用严格的制度约束其中的特别恶劣者。

4. 适当运用经济的手段

经济手段是对行政手段的补充。在管理实践中，对学生进行必要的物质奖赏和处罚，是一种经济的手段，而采取经济手段，并不能确保管理的执行，但由于直接涉及学生的物质利益，其功能是行政所无法替代的。在对学生进行经济管理时，要注意避免一种仅注重经济奖励与惩罚的倾向，而忽略了日常的教育与引导。同样，也不能仅注重对优等生的经济奖励，而忽略了对违法学生的惩罚，或仅注重惩罚而忽略奖励，从而使其无法有效地发挥经济手段的作用。

第二节 新时代高校学生管理体制现状

一、高校学生工作管理面临的问题

（一）社会主义市场经济的深入发展使学生工作管理面临严峻的挑战

随着改革开放和人民生活水平的提高，人们对高等教育的要求也越来越高。随着我国改革开放的形势和社会各界对人才的需求，党中央、国务院适时做出了"扩招"的决定，使我国的大学数量逐年增加，学生数量不断增长。生源质量的下滑是一个不容忽视的现实。同时，取消年龄限制、实行学分制、实行灵活学制、后勤社会化改革等，对高校学生工作的管理提出了新的要求。再加上许多学校对形势的认识不够充分，也导致了许多问题。比如：学生宿舍的建设落后，开学时间被迫延期；食堂空间狭小、学生用餐拥挤；由于教室有限，只能供同学听课，但学生自习的教室很紧张，寝室成了学生学习的主要场所；高校体育设施建设滞后，体育教学内容单一。同时，由于市场经济的发展，大学生的思想观念和价值取向发生了很大的改变，思想活动的独立性和差异性日益突出，传统的学生工作管理模式已经不能满足学生工作的需要，学生工作的管理也受到了很大的影响。

（二）传统管理模式的弊端使高校学生工作管理面临新的问题

传统的学生管理方法，尽管有其发展的历史必然性，也有一些成功的实践与经验，但在新的情况下，仍存在着不可克服的不足。从我国高校学生工作管理现状看，有些高校学生工作管理仍停留在"办"阶段，注重管理而忽视服务，在管理中，学生要服从安排；在管好学生这一阶段，以符合学校的实际需要，即学校的稳定和发展为核心，而不是以满足学生的发展需要为主。此外，部分高校的管理人员常采取"管、控、压"的方式对学生进行打压；还有一些管理人员视学生为一张可以任意"刻画"的白纸，任意命令学生，以此来彰显自己的权威。但他们不知道，这会让大学生产生逆反心理，从而影响到他们的管理。从整体上看，管理人员对学生进行教育时，缺乏平等交流与解决问题的意识，长者、管理者色彩浓厚，担当朋友、服务者色彩淡漠。空洞的说教，很难真正满足大学生的情感和生活需要，而且被动地解决问题的工作多，不能主动地为提高和发展学生的综合素质创造空间。在新时期和新的形势下，高校学生工作应以学生为中心，以学生的全面发展为中心。

（三）网络普及的负面影响对学生工作管理模式带来冲击

随着信息技术的不断发展与普及，传统的高校学生工作管理面临着新的挑战，网络已经对学生的学习、生活乃至思想观念产生了深远的影响。互联网在很大程度上影响着人们的生活、学习，甚至是人们的语言。从大学生管理工作的角度来看，互联网是一柄"双刃剑"。一方面，网络为大学生管理工作开辟了新的空间，为大学生思想政治工作的发展和完善创造了新的契机；另一方面，互联网对传统的高校学生管理工作产生了很大影响。首先，互联网信息的快速、丰富性和开放性，使得学生从学校获取知识的权威性受到怀疑。在互联网日益普及的今天，大学生通过互联网获取信息的速度越来越快，但高校思想工作人员和相关干部、教师在信息获取渠道、时间和数量上已经处于劣势。大量的网络信息将道德、思想教育的信息"淹没"，特别是不良信息的冲击，使得学校向学生传递的信息难以在学生的脑海中形成，从而对思想工作造成了极大的影响。其次，互联网的虚拟性、隐蔽性，使其成为不良信息的发源地和传播场所。一些人通过科技介入社会信息中，学生无法辨别一些虚假、不健康甚至是反动的信息而被蒙蔽，有些人则沉浸在虚拟的网络世界中无法自拔。

（四）学生工作管理队伍储备不足和不稳定制约着学生工作管理的成效

当前，高校学生工作管理中存在着严重的人才短缺和人才质量问题。辅导员的配置也非常不均衡，有些学校一位辅导员要管理600多个学生。辅导员工作繁重，不能在时间、精力上对学生进行细致的思想教育，不能及时地对学生进行辅导。此外，在大学里，从事学生工作的管理人员多为本校的在校生和硕士生，他们没有经过专门的管理或心理学的学习，也没有足够的时间去进修以提升自己的专业技能。许多大学的辅导员年龄偏小，看上去易于与同学交流，但缺乏管理经验。这些问题都导致了高校学生工作缺乏有效的管理。高校的学生工作管理内容繁复，工作烦琐，学校里所有与学生有关的工作大多是由辅导员来完成。同时，受目前的工作制度制约，学生工作管理人员难免会陷入日常工作中，疲于应付。学生工作管理表面化、流于形式，很难有效、规范、科学地管理学生的日常行为、生活和学习，从而影响学生的整体素质。

（五）高校新区建设和高校后勤社会化给学生工作管理带来新的问题

大学生在交纳各类学费的过程中，也会形成一种对学校教学、生活条件更高的需求。由于大学扩招，很多学校的现有校园已经不能满足学生的学习和生活需求，很多学校都在原来的校舍之外兴建新的校区，同一班的学生或同一所学院的学生被分班，这对以往的学校管理模式产生了很大的影响。在这一新的情况下，高校学生工作的新管理模式将成为高校学生管理工作中的一个新问题。

二、新形势下高校学生工作管理问题产生的原因分析

（一）社会发展与教育发展

教育不能脱离社会的物质生产需要。随着经济的发展，教育资源得到了很大程度的开发，教育条件和质量都有了很大的提高。高校扩招不仅能满足一般人对高等教育的需要，还会给学校带来更多的负担。另外，由于教育的相对滞后，教育改革从起步到结束都是一个缓慢的过程，而个体的成长又是一个长期的过程。因此，社会物质生产发生了巨大的变化，教育改革的滞后是不可避免的。

随着改革开放的不断深化，社会主义市场经济的全面推进，中国社会进入了以现代化为基本特点的全方位、深刻的社会转型。当代大学生工作的实践，既需要现代价值观和道德精神的支持，也需要符合大学生工作的管理思想和运行机制。但从方法上看，目前的大学生工作管理大多是以灌输的方式进行，而忽略了由于社会变迁而造成的教育环境、教育对象的巨大改变，这种死板的教学方式抹杀了学生的鲜明个性。从目标的角度来看，在一个封闭的社会结构基础上，在特定的教育和教学情境下，努力塑造符合特定目的的学校角色。大学生工作管理实质上是在开放型、多元化的时代背景下进行的，忽略了学生主体的主体属性和主体的自主性、创造性，导致对现实问题的解释和矛盾

冲突的解决力不从心，无法充分发挥其塑造学生人格、传承时代精神的历史使命，从而引发学生工作管理中的骨牌效应。

（二）科学主义的僭越与人文关怀的弱化

现代社会，受科学技术、教育等因素的影响，人们对物质世界的认识与控制能力得到了极大的发展，而科学的发展则显示出了理性的力量，在科学技术的推动下，各种哲学倾向于将人之外的所有东西都看作是未加工的原料，在处理人与自然的关系时，被演绎成一种用来控制自然的工具，技术的支配代替了一切，只注重机械化和技术化，试图用一系列常规的、程序化的方法来实现。

科学的流行导致了教育的工具化，集中精力教导人如何谋生的知识与技能，"最根本的缺陷就是抛弃了为什么而生"的教育，使人无法从生命的意义、生存的价值等根本问题中认识和改造自己；它也不可避免地要舍弃人类的自由精神的神圣尺度，将所有教育的无限目标分解为追求有限的生存适应目标，缺乏以人为本的教育思想。从科学的物质性、破坏性的角度来看人的丰富性，是不适当的，人类社会是复杂的、由人与世界的互动而形成的，是一种简单的、不能反映真实生活中的复杂的事物的概念。而这正是高校学生工作的核心与关键所在。

（三）学生思想多元化与不稳定性

随着我国改革开放，尤其是高科技的迅速发展，信息传播的速度越来越快，人们接受各种思想文化的方式也越来越多，各种思想、价值观也越来越多，对大学生的生活造成了很大的冲击。其特点是：大学生思想逐渐从单一走向丰富、封闭走向开放性，呈现多元化的发展趋势。

在改革开放的大背景下，新一代的大学生逐渐成长。他们的思想品德形成与发展具有强烈的时代特点：主体性的提高和自主性的加强；思维活跃，积极进取，对新事物有较强的求知欲，对新事物有较强的接受能力，可以从不同的渠道获得知识与信息。而文化的"反哺"形象地表明了他们在获得信息上的超越性。尤其是随着互联网技术的飞速发展，大学生在数字生活中获得了更多的自由，从而为他们理解以不同文化背景为基础的多元化价值观提供了一个平台，也使多元价值系统的冲突更加激烈。

然而，在此年龄段的大学生心理机能、道德判断能力都比较低下，社会经验不足，心态不稳定，情感容易波动，容易出现随机性和变化性，难以自由地评估和抉择多重价值。实际上，在价值观念多样化的今天，他们往往会呈现出自主与依赖的矛盾、自信与自卑的矛盾、感情与理智的矛盾、要求与满足的矛盾、冲动与压抑的矛盾等等，使其在价值评估与抉择中陷入困惑与困境，在思维与行为上存在偏差，给高校学生工作的管理带来了困难。

第三节　新时代高校学生管理体制改革路径

一、高校学生管理制度完善的实现路径

（一）国家主导

探讨我国在完善大学生管理体制方面的作用，必须首先明确政府与大学之间的关系。《中国教育改革和发展纲要》指出："我国实行的是以中央统一的宏观管理和地方分权的具体管理相结合，以地方政府管理为主的教育管理体制。"根据出资主体的不同，我国的大学可以分为公立和民办两类。但是，我国公立大学属于国有企业，由国家依法对其进行行政管理。

民办高校是国家私立教育理念的外在表现和具体体现。依法行使公共教育权不仅是国家行为，也是国家对教育进行宏观调控的形式之一。因此，作为规范学生行为的规范性文件，政府应对其予以指导。

《中国教育改革和发展纲要》（2010—2020年）提出："教育要发展，根本靠改革。要以体制机制改革为重点，鼓励地方和学校大胆探索和试验，加快重要领域和关键环节改革步伐。"所以在完善高校学生管理体制和完善现有的管理体制方面，各校应努力跟进，首先，要根据有关的法律、法规来制定政策，不得违背法律。其次，要坚持"以人为本"的管理思想，把握新时代大学生的成长和发展，以达到更加科学化、人性化的目的。最后，要从大到小，抓住主要矛盾，不能事无巨细地把学生的管理问题统一起来；要区分不同学校的差别，并赋予学校一定的管理权。只有在这些方面有了清晰的认识，才能使高

校的学生管理体系在顶层设计上更加合法、科学、人性。

（二）高校推进

普通民众受高等教育的学校一般称为"高等学校"，"高等学校"和"大学"的含义类似。高校是一所综合性的高等教育院校，它为学生提供教学、科研、学位。从字面上看，大学的首要任务就是培养大学生。但《普通高校学生管理规定》（2005）明确提出："高等学校必须把培养人才作为中心，遵循国家教育方针，遵循教育规律，不断提高教育质量；要依法治校，从严管理，建立健全和完善相关管理制度，规范管理行为；要将管理与加强教育相结合，不断提高管理水平，努力培养社会主义合格建设者和可靠接班人。"另外，《普通高校学生管理规定》第六十八条规定："高等学校应当根据本规定制定或修改学校的学生管理规定，报主管教育行政部门备案（中央部委所属院校同时抄报所在地省级教育行政部门），并即时向学生公布。"明确学校在完善学生管理体系中的位置，并在政府领导下对学生管理体系进行调整，并推动其向前发展。

加强高校学生管理体系建设，应从以下几个方面着手：理解国家政策的内涵，结合学校的实际情况，制定符合我国国情的学生管理体制；坚持"以人为本"的办学理念，与时俱进，尊重教学规律，理解学生的需求；为促进大学生发展，建立健全大学生管理体系；加强对学生的管理，保证学生管理制度的实施有条不紊；在实施过程中，要严格落实学生管理制度，注重管理方法，培养高水平的学生管理队伍，实行科学管理。

（三）学生参与

一方面，学生的参与说明了学生的管理制度是以学生为主体的，另一方面，也要求学生自觉地遵守学校的各项规章制度，并就如何制定、实施和反馈问题提供建设性的建议，以促进学校的学生管理制度的健全。首先，在制定政策时，学生是学校实行学生管理的主体，要坚持"以人为本"的思想；要全面掌握新时代大学生的教育背景、成长规律和发展特点，需要进行科学的调查研究；通过对大学生思想、心理、行为特点进行分析，可以提出科学可行的大学生管理体系。其次，在实施大学生管理制度时，学生是制度的真正参与者，学校的学生管理制度应规范学生的行为；同时，也要对学生进行严格的纪律教育，培养他们的自律意识。在对学生管理体系的反馈过程中，应建立健全的反馈机制，并鼓励学生对系统的各个层面进行评估，为进一步健全大学生管理体制提供建设性意见。

二、新时代我国高校学生工作管理创新趋势

（一）"微时代"下高校学生工作管理创新措施

1. 实施"微管理"，转变和创新学生工作管理创新理念

（1）实施学生工作管理思维的转型

"微时代"下，微媒体在高校中广泛应用，高校学生工作管理者可以利用微传媒平台为学生工作提供新的管理阵地和载体，实现对学生工作管理的现代化、科学化，提高工作效率。

重视微媒体平台所具备的潜在管理功能。"微时代"下，随着微博、微信等微媒体的广泛应用，高校学生工作管理者若能将其作为与学生的交流与管理的新方法、新渠道，将更好地融入学生的学习生活中，从而实现其潜在的管理职能。这就要求工作人员要改变观念，改变对微媒体的看法，正确认识微媒体，认真研究微媒体，大胆使用微媒体。

管理思维可尝试由现实管理向虚拟管理转型。与学生面对面沟通是管理者常用的一种方法，他们相信这样可以更好地管理学生。然而在"微时代"，这种教学模式并不被广大的学生所接受，而且很容易引起一些同学的反感，所以我们要把这种思想转变成虚拟管理，并利用虚拟微媒体平台进行宣传、交流、管理和服务。

（2）重视微媒体使用的价值引导

大学阶段是大学生树立正确的世界观、人生观、价值观的关键时期，而无穷无尽的网络信息，很容易对其产生负面的影响，从而导致理想信念不坚定、价值观混乱等问题，若不及时进行引导，将会造成无法挽回的损失。"微时代"在促进大学生思想观念更新的同时，也容易导致学生被错误的信息所误导，从而影响其正确的价值观。然而，通过对微型媒介的合理运用，

培养其良好的应用能力，可以有效地运用其资源，抵制不良信息，促进学生的健康发展。

2. 打造"微队伍"，推进和优化学生工作管理队伍

（1）建立"四位一体"的学生工作管理队伍

在"微时代"的大环境中，教师、辅导员、学生干部都可以借助微媒介平台的便捷、快捷和易互动的特性来构建"四位一体"的管理队伍，即辅导员、教师、学生干部、家长。在学生工作中，父母既要充分发挥自身的作用，又要加强协作，加强沟通，形成优势互补，使"四位一体"的学生工作管理小组发挥"1+1+1+1＞4"的作用。

辅导员方面。大学生辅导员是大学生思想工作的骨干力量，是大学生健康成长的引路人。其工作内容有：学生党团工作、班级工作、学生学习、就业、交友；心理辅导、宿舍管理、奖助困评造。辅导员所带领的学生比例通常在1∶200以上，工作繁重。"微时代"下，辅导员可以利用微媒体的优势，利用班级微信、微博、QQ等微媒体进行精准的传播、生动的报道、积极有效的沟通、有序的引导，为学生提供更好的服务。

教师方面。学校可以从现有的校园资源入手，从加强学工处、保卫处、招生就业处入手，通过对后勤部、团委、院系等部门的教师进行培训，以提升其运用微媒介的能力，并鼓励他们运用微媒体进行工作。在实践中，一方面要维护好各个单位和个人的微媒体平台，另一方面要重视和主动地融入高校的媒体平台中。例如：通过微博、微信、QQ等方式与同学进行沟通，可以促进师生关系的发展，也可以及时掌握学生的动向；或者通过自身的微媒体平台向同学传播正能量，引导他们树立正确的"三观"。同时，通过微博、微信、微课程等形式，使学生能够更好地参与到课堂中，通过与学生进行有效的沟通、互动，使课堂得以扩展到课堂之外，从而提高学生的学习热情，巩固课堂的教学成果。

学生干部方面。除学生会、社团联合会外，青年志愿者和其他学生会的干部也可以培养一支作风优良、纪律严明、技术过硬的学生干部骨干队伍，并在学生中广泛的转发和宣传学校的官方信息，及时了解学生的动向，传递积

极的信息，充分利用同龄人之间的互动效应。例如，组织学生干部微团队，从事微电影、微故事、微公益、微访谈等微资料的制作，并将其上传至微媒体平台，实现教育管理。

学生家长方面。在"微时代"的今天，家长也开始使用微博、微信、QQ等各种形式的微媒体，为师生、家长之间的互动和共同关注提供了一个更好的平台。例如，教师可以利用微媒体平台，将学生在校学习、生活、心理等情况通过微媒体平台向家长反馈，尤其是一些重点关注的学生，让家长不受时间、空间限制，能及时了解学生最新动态。

（2）激发学生"意见领袖"的积极引导作用

"意见领袖"在大学生中发挥的作用具有两面性。一方面，如果他们在微传媒平台上的资讯是正面的，与浏览学生的交流是友好的，对于校园内的一些热点话题的讨论都是正面的，可以将舆论导向正确的方向，并且对问题的处理也是有利的；另一方面，如果他们在网上散布负面消息，或者对学校不满，煽风点火，在校园里制造混乱，那么负面的舆论导向就会让问题变得更加复杂。高校应努力培育一批"意见领袖"，加强其教育、指导，使其在社会中起到积极的导向作用。让他们在学生中进行解释、宣传，展开工作，使其成为学生工作的一支重要力量，从而更好地为学生服务。比如，一些重大会议时期，"意见领袖"可以通过微博、微信等平台进行政府会议的宣传，引导学生一起关心当前的时政，激发他们热爱祖国、参与社会的热情。总之，学生"意见领袖"在管理学生工作中所起到的正面作用是不可忽视的，应充分尊重学生的主体性，通过多种途径，建立起一套系统、科学的培养体系，创造学生管理学生、学生服务学生、学生影响学生的发展方式。

（二）大数据时代高校学生工作管理的路径

1. 建设一个集成型的学生工作管理数据平台

在大数据时代，大学生工作管理以数据为基础，只有充分掌握大数据，才能更好地理解大学生的心理特征，更好地开展各项教育、管理和服务工作。首先，要在大学层次上进行系统的顶层设计，建立一个综合的数据平台。目前，各高校在大力推进"智慧校园"的过程中，往往都是各自为营，只顾自己的工作需要，难以在校内实现信息的共享与集成。在学校一级建立一个统一的数据中心，把学工部、教务处、后勤处、图书馆等与学生有关的各个部门整合起来，建立起一个系统化的网上资料采集平台，设立全校的学生工作管理资料库。其次，要积极参与社会资源的共享。大学生的主要活动方式包括网络、手机等，光靠学校的数据库不可能对学生进行全方位的了解，而社会的数据采集能力和技术很强，可充分借助社会力量，充实高校的学生工作管理信息库。

2. 建设一支复合型的学生工作管理队伍

随着大数据时代的来临，高校学生工作管理队伍的建设不仅要有专业素质，还要有对大数据的认识和对信息的处理能力。首先，高校学生工作管理团队要有大数据意识，大学生工作管理者应从思想上重视大数据的采集、整理和分析；同时，要自觉地提高自己的数据敏感度，培养大数据所要求的整体性、混杂性和相关性思维。其次，高校学生工作管理团队要有一定的应用能力。高校应加强对学生工作的管理人员的培养，而学生工作的管理者也要积极参与到大数据的时代，主动地学习收集、分析、处理这些知识，并不断提升自己的筛选和识别能力。学生工作管理者在掌握了大数据的相关功能后，要积极地将其应用于学生工作管理，以增强其指导意义。最后，加强高校学生工作管理队伍的建设。在大数据时代，高校管理人员要有良好的管理水平，同时要掌握海量的知识和能力，这是短期难以实现的。为了适应大数据时代的需求，高校应该在培养现有的学生工作管理人员的基础上，建立一支具有计算机和互联网背景的人才队伍，并承担起数据采集、分析、整理等方面的工作。通过梯队建设和持续的培训，构建一支具有管理和数据处理能力的复合型学生工作管理队伍。

3. 建设一批保障型的学生工作管理制度

人们在充分利用大数据为我们提供的大量信息、高效、快捷的服务的同时，也要意识到数据的迅速增长和数据滥用所造成的危害，以及由此而产生的道德与法律问题。在大数据面前，我们都不是隐形的，每个人的行动都会在网上留下印记，通过数据的存储、追踪和分析，我们可以很轻松地获取到一个人的资料。大数据的广泛应用，给学生的个人信息安全带来了极大的威胁。如果不能很好地保护好学生的大量个人信息，很容易为别人所利用，给学生造成损害。所以，在高校学生的资料收集、使用范围和使用权利等方面，必须建立相应的保障制度。高校学生工作要充分利用数据挖掘技术，保证学生的个人信息安全。同时，高校要建立和完善数据采集、管理、使用、决策等规范化的程序，并以制度化的方式对大数据进行管理和使用。高校也可以组建有关机构，对大数据收集与管理工作进行监督和引导，增强他们的安全意识和责任感，做好信息的保密工作。

在新的社会背景下，大学生管理工作面临着前所未有的新形势。大学生管理工作者要积极增强大数据意识，增强大数据技术能力，运用大数据挖掘大学生工作规律，增强大学生管理工作实效性，提高大学生管理工作质量等。

第五章　基于研究性学习的高校教学改革

第一节　研究性学习的内涵和特点

一、研究性学习的内涵

（一）定义

长期以来，我国科学界对于"研究性学习"并未进行严格的定义。有人将它理解为一种课程形式，有人认为它是一种学习方式，也有人把它当作一种理念或是教学方式。研究性学习的概念在我国最初是由上海市教育科学研究所为进行课程改革而提出的，后经研究实践得到了全国关注，后来教育部又在《全日制普通高级中学课程计划（试验修订稿）》中进行了描述性规定：研究性学习以学生的独立自主精神、探索式学习为核心，在学校生活和社区生活中选择并确立研究课题，并采取学生个别或组织集体参与的形式展开，经过实践获得结果，培育实事求是的思想和认真严谨的素质修养，加强熟练运用所学知识处理状况的力度。在研究性学习过程中，教师是组织者、参与者，也是指导者。

具体来说，研究性学习是一种贯穿于学习过程的学习方式，它主要用于面向跨学科的现实问题的研究性学习课程中。具体来说，"研究性学习是指学生在教师指导下，从自然社会和生活中选择和确定专题进行研究，并在研究过程中主动地获取知识、应用知识、解决问题的学习活动"。研究性学习强调学生对所学知识和技能的实际应用能力，注重学习过程及学生的实践和经验，并提出六个主要目标：获得参与研究和研究的经验，培养、发现和解决问题的能力，分析和使用信息，进行分享和合作，培养科学态度和科学道德，培养对社会的责任感和使命感。

人们常常将研究性学习当作一个必修的课程，是综合课程的有机组成部分。之后科学界对研究性学习有了两种不同的见解——广义含义与狭义含义。广义含义指在各种各样的课外教学活动中，学生积极主动地探索知识，发现问题，并且善于分析、处理问题。狭义含义指在教师的指引下，学生在学习生活中选取并确立一个课题，然后以正确方式对待一系列问题，从而开始积极主动探索的学习方式、教学活动及授课方式。

大学生的研究性学习指教师要有育人精神，开设各种各样关于研究性学习的"小课堂"，建立各式类型平台，使大学生在教师的指引下，自发地探究与处理问题，并在整个过程中收获颇多（如自我学习方式、认知科学道理、自我锤炼等）的一种多方面能力的实际教育。

（二）理念内涵

研究性学习的主要理念内涵如下所示：第一，回归现实，研究性学习强调从现实生活中选择全面和真实的研究主题，并因地制宜、因时制宜、就地取材，构成问题的情境的内容必须与现实生活中的真实事物或现象，以及学生的个人经历或即将到来的个人经历相关，脱离当地现实，研究性学习则会失去根基，研究性学习也就无从开展；第二，基于学生的直接经验，研究性学习强调学生的直接体验、整个课程资源范围，以及学生通过个人体验和经验获得的核心知识；第三，注意学生的自主学习，研究性学习要求学生通过调查、访谈、实验、工作和其他活动来学习，以培养学生的研究能力。

进行研究性学习的主要目的是改变学生的学习方式。改变原有的学习模式"知识接受"必将为学生提供新的学习环境和更多的技能培训机会。研究性学习通常使教师和学生能够以小组合作、个人独立研究、个人研究和面对面的讨论的形式共同探索新知识。其特点是：一是学习内容的开放性，研究性学习的内容不是一个特定的知识体系，它可以是一门学科或多学科，它注重积累学习内容和信息，让教师和学生有机会共享学习资源，为个人利益和人才发展提供广阔空间；二是在学习过程中学习，学习的方式不是被动地记忆和理解教师传授的知识，而是敏感地发现问题，主动提出问题，通过实验研究、文献研究等形式积极寻求问题的解决方案，探索结论的自主学习过程；三是实践学习活动，研究性学习强调理论与生活实践之间的联系，通过设计社会活动和科技项目，学生可以亲自参与社会实践活动。

（三）理论基础

理念是理论化、系统化了的，具有相对稳定性和延续性的认识、思想和观念体系。学习理念是对学习活动内在规律认识的集中体现，是对学习活动的看法和持有的基本态度观念，是进行学习活动的信念。学习是一种非常复杂的认知活动，人类诞生以来，学习就一直伴随着社会的发展而发生着变化。随着认知理论的不断演绎，人们对学习现象和本质的认识逐渐从简单走向复杂，从片面走向全面；在认知实践中，学习活动也逐渐从低级迈向高级，从被动上升为主动。

认识论也称被作"知识论"，是哲学的组成部分之一，是关于人类认识的本质及其发展过程的理论。在哲学上，认识论与知识论同义，可以理解为知识的逻辑分类及其判断的基础。在心理学上，认识论是有关知识增长及发展的理论，涉及个人如何构建知识结构、学习的概念和学习的条件等基本问题。可见，认识论是研究知识的起源本质与结构发展，以及个体认知者与学习关系的理论。一般意义上，知识被划分为绝对的客观知识和相对的主观知识。

现代认知理论，尤其是建构主义学习理论的发展，为研究性学习提供了新的理论依据。建构主义也被称作"结构主义"，它可以比较好地解释为人的认知学习方式，它带来了学习观、学生观、知识观、师生观等教学思想观念的变化。建构主义学习理论提倡在教师的指导下，以学习者为中心，学习者积极主动地进行知识意义的建构。同时，现代课程观和教学论也吸收了进步主义教育哲学和人本主义心理学的思想，确立了"以生为本"的教学理念。这些都为大学研究性学习实践奠定了理论基础。

二、研究性学习的特点

研究性学习是新型学习方式，主要特点包括探究性与开放性、主体性和亲历性、过程性和生成性、选择性和趣味性、实践性和合作性。

（一）探究性与开放性

从名称可以看出来，研究性学习最关键的地方就是"研究"。在传统的教育模式中，学生通过听教师授课的方式，学习课本知识及教师传授的知识。而在研究性学习中，学生作为学习的主体，需要自行发掘问题、学习知识、对学习内容进行探究、制订学习方案、完成学习目标，因此这种学习方式有着强烈的探究性。同时，在探究过程中，学生可以根据自身的需求选择自己想讨论的主题、想研究的问题、想采用的方式，研究性学习是开放的。研究性学习的开放性还体现在，其学习内容和探讨主题不是固定的，不属于已经固化的知识体系，也没有配套教材可供使用，这并不意味着研究性学习完全脱离课本，而是说无论是教材，还是教师起到的都是引导作用，给予学生学习参考。在传统学习模式中，问题来源于课本，也局限于课本，而在研究性学习中，问题是在课本的基础上，结合现实生活中的真实问题，因此这些问题也就具有与时俱进的特性。

（二）主体性与亲历性

在研究性学习中，学生的主体地位得到发挥，这一点与其他学习形式有很大的不同，所以研究性学习具有主体性和亲历性。这个特点是针对学生而言的，学生可以通过自身的需求进行学习，如选择学习内容、学习方式等，当然这一过程需要教师的引导。在学习过程中，灌输式的方式被参与性的学习替代，学生参与学习活动的全过程，在这一过程中的所有活动，都需要学生亲自参与，真正使学生成为学习的主人，学到知识，解决学习问题。

（三）过程性与生成性

研究性学习对于学习过程的重视程度很高，这也是它不同于其他学习方式的地方，传统学习方式对于学习结果的重视较高，学生学习就是为了能够有好的学习成绩，但是研究性学习不同。假如一名学生经过一段时间的学习，没有取得预期的学习效果，在传统学习方式中，他可能会沮丧，他的教师可能会觉得这个学生学习不好，但是在研究性学习中，对于结果的重视程度没有这么高。在研究性学习中，学生需要通过学习活动，掌握更深层次的东西，如研究方法、创新能力、文化意识、实践能力等，如果掌握了这些内容，那么可以说这名学生通过学习活动学会了学习，那么学习成绩就没有那么重要了。而在这一过程中，会有新的知识不断生成，因此研究性学习具有生成性。

（四）选择性与趣味性

如前文所述，研究性学习的第一个环节就是选题，选题就是选择主题。在研究性学习中，选题的主体是学生，学生在教师的引导下，根据自身的实际情况来进行选择，不仅是主题，学习方式等也可以由学生自己来选择。也就是说，与传统教学方式相比，研究性学习不再局限于教师给予的固定课题，而是有更广阔的选择空间。此外，高自由度使得研究性学习的趣味性大幅度提升，学生可以选择那些自己比较感兴趣的学习课题和学习方式等，进而有参与学习活动的动力，提升学习效率及学习效果。

（五）实践性与合作性

在研究性学习中，比起对课本知识的刻板讲述，更加强调课本上的知识与社会现实的结合，如果是技能型的知识，也强调将理论知识运用于实践活动，强调源于课本知识但是高于课本知识，让学生能够从"书呆子"的状态中解脱出来，亲身实践所学知识和技能，这对于知识及技能的理解与运用有重要的正向意义。而在这一过程中，学生不是通过闭门造车的方式就能达成学习目标的，通过小组合作、同学讨论等方式，既能使学生开始头脑风暴，从多角度对主题进行探索，又可以提升学生自身的沟通能力、合作能力等。

第二节　基于研究性学习的高校教学改革的可行性及必要性

一、高校进行研究性学习的可行性

（一）高校学生具备研究性学习的条件

1.高校学生具有较为完备的认知结构

与中小学生相比，高校学生的认知结构比较完备。认知结构是知识框架，学生学习的过程就是建立并完善认知结构的过程，它体现为学生的思想内涵与结构。学习活动受到认知结构的影响，因为认知结构决定学生的学习能力。高校学生经过中小学的学习，大部分已经具备较为完备的认知结构，认知能力较强，因此在学习新知识的过程中接受能力较强，能够快速适应新的学习环境，研究性学习与学生的自主学习密不可分，在自主学习过程中，学生的知识及技能水平是决定自主学习能否顺利开展的基础。学生只有具备较为完备的认知结构，才能自主进行知识探究，解决学习过程中的种种问题，实现知识迁移。

2. 高校学生处于创造性思维的最佳时期

传统学习模式会固化学生的学习思维，使学生形成思维定式，而研究性学习则强调学生需要有创造性思维，掌握从不同角度思考问题的方式，进而采用有效手段解决问题。在人生的不同阶段，学生的创造性思维是不同的，但是心理学研究证明：在大学时期，学生的创造性思维处于最佳阶段，这一时期的学生思维较为活跃，他们有精力、有能力进行思考，更加善于发现问题，并且能够从多种角度出发，解决问题。

（二）高校教师有指导研究性学习的能力

高校不仅是学生的高校，也是教师的高校。高校教师不仅承担着教学任务，还承担着科研任务。在高校教师队伍中，不仅有知识渊博的教授，还有创造性强的青年学者，大部分高校教师都参与各级重要的科研工程。虽然无法否认现在高校教育理念及教育方式的局限性，仍然采用讲授法作为主要上课方式，但是高校教师渊博的知识、实践经验，使得高校教师有指导研究性学习的能力。高校教师在进行科研活动时需要自己选择主题、研究方法，在研究性学习中，学习的主体、学习方法等也要自己选择，因此高校教师有着丰富的选择经验，学生在高校教师的指导下，能够基本掌握选择技能，高校教师也能帮助学生少走弯路，并且对学生的学习活动的顺利进行给予关键性的意见，督促和指引学生的学习活动朝着正确的方向进行。

（三）高校具有开展研究性学习的环境

1. 学习时间上自由、充足

在中小学中，学生的学习时间往往是被规定好了的，学生按照学校及教师的要求，在什么时间就要做什么事情，如在英语课上就要学习英语，放学之后就要写作业，而且由于应试教育的需要，学生的课程排期紧张，教师也会布置大量的作业，并且实时督促学生的学习进度。但是在高校里则不同，学生有课余时间，可以根据自己的需要合理地安排自己的时间。在有时间和精力的情况下，学生可以对学习主题、学习内容、学习方式等进行安排，在学习过程中不断地发现问题、解决问题，而且问题的解决没有所谓的标准答案，学生的答案需要学生自己来证明是否正确。这种学习过程就是研究性学习的过程，而要想实现这一过程，学生需要有充裕的时间。

2.学习资源多样、丰富

高校中有较为丰富的学习资源。一般的高校都有自己的图书馆，会收藏大量的图书，并且会进行及时更新，这就为学生提供了大量的学习资料，学生可以在图书馆找到自己需要的、感兴趣的图书、期刊、报纸、数据库等资源。有些专业还有自己的阅览室，会定期引进本专业的期刊等，供学生了解学科前沿信息。高校对于学术交流活动也比较重视，会定期或不定期举办专家讲座、学术论坛等，还会外聘教授来高校授课。此外，高校会为学生提供电子阅览室、电脑等，供学生获取网络资源。多样化的学习资源获取方式使得学生可以从多种渠道方便快捷地找到自己需要的资源，进而提升学生的知识水平，促进学生学习更多地先进思想和理念，培养学生的问题意识；通过学术交流活动，学生可以开阔视野，培养沟通交流能力。这些都是研究性学习得以开展的可行性条件。

二、高校进行研究性学习的必要性

（一）高校学生主体性发展的需要

近年来，学生成为学习活动的主体，而高校教育的目标之一就是培养具有创新能力、创造意识、实践能力的人才。为此，高校教育活动对于学生主体地位的关注度越来越高，学生自我能力的培养愈发重要，为了发挥学生的价值，重视高校学生的主体发展需要迫在眉睫。但是在长久的传统教育模式之下，学生的主体地位和创新思维的培养是不受重视的，这是由传统教育模式的特点决定的，传统教育模式以讲授式为主，学生进行的是输入式教学，学生往往是被动地学习教师讲授地知识，跟着教师学知识成为学生学习活动的唯一方式，在这种情况下，学生的创新性、问题意识都不能得到很好的发挥，也就不能实现自身的全面发展。而为了实现人才培养目标，研究性学习的实施势在必行，因为研究性学习是真正地以学生为主体，以培养学生的自主能力为目标的学习方式，而且重视学生的实践能力及创新能力的培养，对于主体性教育的实质性凸显有着重要的作用。

（二）高校教师教学能力发展的需要

在教育改革的背景下，教育界开始从重视专业教育转向重视通识教育、素质教育等，在教学方式上也做出了改变，传统的讲授输入式教学变成了引导探究式教学。在这种背景下，教师的能力要求也发生了变化。要知道，教师的教学能力并不是一成不变的，需要在满足教学目标和教学模式的情况下不断发展。教师的教学能力可以被分为两种：一是一般能力，就是认知能力；二是特殊能力，就是专业能力。在新的教育背景下，教师不再是"传道受业解惑"者，而是与学生共同学习、共同进步的朋友，也是学生学习活动的指导者。此外，教师不仅需要不断提高自己的专业能力和专业水平，并且实现自身专业知识的与时俱进，还要重视交叉学科的知识，重视事物之间的联系，这是研究性学习中重要的教学方法。在研究性学习中，学生的学习活动全过程，如主题的选择、学习方法的选择、学习计划的制订、学习的评价等，都需要教师进行指导和监督，这不仅要求学生要向教师学习，也要求教师应该熟悉学生的学习内容、学习方法等，并且及时、正确地给出评价和指导意见。因此，研究性学习对于同一教师的教学能力和教学水平的提升有着重要的意义。

（三）高校办学特色发展的需要

在办学过程中，高校不仅要重视招生数量和招生规模的扩大，对于教育教学也要及时做出符合时代要求的举措，不能完全照搬其他高校的改革措施。我国文化的特色是传统文化，中国文化之所以不同于其他国家的文化，就是因为有自身的特色，高校办学也是一样。高校应该以自身的特色为出发点，对于培养目标、教育特色有清楚的认知，并且在满足教育教学质量的前提下，实现个性化发展。人才培养目标固然重要，但是如果过度重视，那么就难以实现特色发展。要想实现高校特色办学，高校必须结合本校及本校学生的特色，以教育改革为核心，以本校特点为主体，培养全面发展的高素质人才。而为了满足这一目标，研究性学习的实施势在必行。因为在传统教学模式下，学生的自主性受到抑制，高校的特色也不能得到充分的发挥，一切以学习结果为导向，对于学校和学生特色的挖掘必然不足。

（四）高校教学中存在的主要问题

要想研究高校教学改革，必须明白高校教学中现在存在什么问题，对症下药，不然容易发生乱改革、错改革的现象，那么对于高校教学改革的研究也就毫无意义。近年来，我国各大高校都开始了改革，如质量工程等，在此背景下，我国部分高校的教学质量有所提高，但是高校教学中存在的问题并没有得到完美解决，改革效果没有达到预期效果。可以将高校教学中存在的问题整理如下。

1. 忽视教育理念在教学实践中的指导作用

教育理念指导高校教学的实践，如果没有理念的指导，那么教学实践就是无根之木、无源之水，因此应该重视高校教学改革中教育理念的作用。但是在我国部分高校的教学改革中忽视了教育理念的指导作用。高校教育实践的指导思想是高校的价值观，在社会改革中，高校的价值观也在发生变化，从知识本位转变为服务本位，强调高校不仅要培养专业人才，也要关注学生的自我发展及主体性成长。对于这方面的理论研究很多，但是真正落实到实践上的效果不尽如人意。因为当下大部分高校在进行教学改革时依然以传统教学理念为指导，对于学生的主体地位、学生的学习过程没有充分的认识，对于学习结果的重视程度依旧很高。因此，必须将这种观念进行转变，培养高素质的高校人才。而为了解决这一问题，建立一支优秀的高校教师队伍是非常重要的，优秀的高校教师需要有正确的、重视学生主体地位的价值观，重视学生综合素质的培养、个人素质和通识知识水平的提高。近年来，已经有一些高校开始重视教学观念，但是部分高校还是流于形式，没有真正地将教学理念落实于实践。

2. 讲授法仍是高校教师的普遍方法

前文多次提及讲授法，这是传统的教育方法，这种教育方式的最大特征就是以教师为中心，教师掌控全部教学、学习活动，学生的自主性很难得到发挥。这种教育方法是我国普遍采用的教育方法，并且采用了很长时间，有其存在的土壤，因此也成为教师在教学中普遍采用的方法。不可否认，它在一定程度上能够满足某一时期的教学需求，但是随着时代的发展，在教育活动中，学生的主体性愈发凸显，这种讲授法限制学生自主性、创造能力、创新能力、实践能力的弊端开始凸显。

3. 需要进一步培养学生的问题意识

在传统教育模式中，学生根据教师讲授的内容和强调的重点进行提问，教师对问题进行解答，有些人将这一过程作为对学生问题意识的培养。不能否认，这种问题意识培养方式有一定好处，如提升学生的基础知识水平等，但是这种模式下，学生及教师关注的是问题的本身，学生提出问题，教师解答问题，整个过程都是围绕问题本身进行的，对于问题的衍生范畴的关注度不高。因此，对于学生问题意识的培养，要强调学生问问题，教师引导学生自己思考问题的答案，并且对问题的衍生问题有所关注，不仅要学会知识，还要学会学习，学会举一反三。

4. 教学实践、实习的机会较少

在传统教育模式中，对于理论知识的重视程度要大于实践能力，这是因为传统教育模式以结果为导向，对于学习结果的检验往往是通过对理论知识的考查进行的。如今，大部分高校仍旧如此，学生学习理论知识，有较高的理论水平，但是将理论付诸实践，便出现了问题，归根结底是因为高校提供给学生的教学实践、实习的机会比较少，部分高校对于学生的实践能力培养不够重视，如果这样，那么学生成为全面发展的高素质人才将是难上加难。

第三节 基于研究性学习的高校教学改革探索

一、高校教学改革的理念基于研究性学习的探索

在教学活动中，教学理念起着统领作用，引导实际活动。教学理念不同，教学的各个环节都有所不同，如教学方法、教学策略等，也会取得不同的教学结果，而教学理念主要包括价值观、质量观、办学观等。

（一）价值观——更加关注人的主体发展

在研究性学习中，对于主体的关注度较高，在学习过程中更加重视学生的发展，教学目标是培养学生的问题意识、创新能力、创造意识、实践能力等。这与传统教学观念有很大不同，在价值观上不再是简单的工具理性主义。而是将视角转向了教学主体——学生身上。这种改革与社会环境的发展息息相关。社会需要的是德智体美劳全面发展的高素质人才，并且重视其将理论应用于实践的能力。研究性学习对于主体的重视程度，以及对于教师地位的定位——教师是教学活动中的引导者，能够实现教学培养目标。

而对于学生的本体价值，在研究性教学价值观中也格外重视。上文已经提及，研究性学习更加重视让学生学会学习，学会提出问题、选择学习策略、进行学习评价等，彻底颠覆了以往的重视学生学习结果的观念。而学生成了学习活动的主体，教师成了学习活动的引导者，不仅学生的本体价值能够得到发挥，教师的创造性及本体价值也能得到发挥。在研究性学习中，教师不必刻板地按照教学大纲的要求为学生选择学习内容、学习方法，进行学习评价，学生可以在教师的指导下选择自己所需的，这一改变能够让教师掌握新的教学思维和教学方法，并以此最大限度地激发学生的学习兴趣，给学生带来良好的学习体验。研究性学习不仅能够让教师的主体价值得到体现，而且可以由此提升学生的主体价值。

因此，我们在教学改革中要更加重视学生的个人价值，重视学生和教师的发展，使得学生的主体价值成为高校制定教学目标、改变教学方式、改革教学手段、开展教学评价的核心精神。

（二）质量观——培养综合素质人才

在新课改的背景下，强调全体学生的发展，所有参与教育活动的学生都是学习主体；而新课改的目标是培养全面型人才，使人成为德智体美劳全面发展的人才。研究性学习强调整体主义的主张恰好契合新课改的改革方向。在研究性学习中，学生不仅要学习基础知识，还要学习技能，最重要的是将理论与实践相结合，将学到的理论知识运用于实践活动中，这与传统教育大不相同。在传统教育模式下，学生的理论知识学习水平受到重视，但是实践能力、理论知识运用能力则处于次要地位，这就导致学生在学习之后，知识技能的实践往往由学生自己安排。而在研究性学习中，实践环节被正式纳入学习体系中。此外，研究性学习还强调对于学生沟通能力、合作能力的培养，对于课本知识的延伸。在这种教学观念的指引下，教学质量不仅是基础知识掌握水平，也是语言能力、创造能力、实践能力、文化意识等综合的体现。因此，在高校教育改革的背景下，研究性学习的实施，可以帮助高校更好地衡量教学效果，完成时代任务，回应社会期望。

（三）办学观——发扬大学精神，形成特色

大学精神是大学在长期实践中根据社会发展和自身特点而形成的一种精神理念。它可以巩固学校全体教职工的认同感，体现学校的特色。大学精神与人的品格一样，是大学最核心、最抽象的价值追求和行为规范。它决定着大学的行为方式和发展方向。它是大学生存和发展的基石，是大学的灵魂和本质。因此，大学应该坚持大学精神，以开放的心态发展自己的特色。

研究性学习是一个开放的概念，是一种开放的学习方式。研究性学习要求学生在客观条件和满足自身兴趣的情况下，根据教学要求，教师与学生共同讨论来制定研究课题，课题的选择也反映了学生的特点。学生和教师在学习过程中形成的素质是高校的主要特征之一，是大学精神的体现。大学精神是大学永恒生命力的源泉，是中华优秀传统文化遗产的结晶。大学在长期的教育实践中积累了最典型的精神象征。它反映了大学不同群体的态度和心理状态，反映了一般的精神态度、标准、动机等，最终形成了大学的独特特色。

因此，高校既要适应时代的需要，以学生为本，也要从大学本身出发，立足大学的主流特色，坚持本土化，发展自己的特色。

二、高校教学改革的内容基于研究性学习的探索

理念是改革的指导思想，理念的功能是通过教学改革的具体内容体现出来的。因此，有必要对高等教育教学改革进行详细的探讨。本书主要从教学目的、课程体系、教学管理、教学评价、教学方法、学生六个方面进行分析。

（一）教学目的

教学目的是指开展教学活动所期望达成的效果。它是一切教学活动的起点和终点。本书根据研究性学习的特点，以及高校对研究性学习的期待，提出了"四个重视"的教学目的。

1. 知识获得

研究性学习重视学生实践能力和创造思维的培养，但是重视不意味着只关注这一个方面，知识获得也是研究性学习的基本教学目的。研究性学习重视知识的获得，因为无论是实践能力的培养，还是创造性的发挥，都离不开基础知识，特别是专业相关领域和新兴领域的基础知识，如计算机和现代信息技术，这是学生进行现代化学习的基本工具。没有对基础知识的学习和积累，是无法获得新知识的。研究性学习的知识获取不同于传统的知识获取只依赖于教师的指导，研究性学习的知识获取要求学生独立学习，具有获取新知识的能力。研究性学习当然也不是排斥或取代传统学习方式，而是作为一种补充性的学习方式。大学生经历了中小学知识的积累，无论从心理还是生理上，都具备自学能力，因此可以满足研究性学习对于学生掌握基础知识水平的要求。如果不重视知识获得，研究性学习就会成为无源之水、无本之木，创新就无从谈起。可以说，获得基础知识是研究性学习和高校的基本教学目的。

2. 实践能力

在新课改的背景下，高校进行教学改革必须重视学生实践能力的培养，学生的实践能力是学生将理论知识运用于实践的能力，以往传统教育中对于实践能力的培养不够重视，那么在新课改的背景下，需要对这一方面重视起来。尤其是在理工类人才的培养方面，如果不重视实践能力的培养，学生掌握再高水平的理论知识也无法满足实习、工作的需要。因此，在高校教育中，需要将理论知识与实践能力的培养结合起来，而研究性学习方式重视学生实践能力的发展，在理论知识的基础上，更加关注学生的理论知识转化为实践的能力。在传统教育方式中，学生往往由于实践机会不足，在进入工作岗位后，发现自身所学知识无法完美解决工作中遇到的种种问题。而解决这一现象的方式之一就是实行研究性学习方式，学生主体价值的发挥，能够让学生全程参与学习活动，发现自己的不足，补足短板。教师也可以在结合学生的实际情况的基础上，为学生合理安排学习内容，注重理论知识的学习和实践能力的培养。

3. 创造意识

研究性学习的另一个重点是创造意识的培养。从心理学的角度来看，每个人都会或多或少地有创造意识，因此对于创造意识的培养重点是如何最大限度地激发学生的创造意识，并且让学生的创造意识有最大限度地发挥。传统教学模式下，学生习惯于被动接受知识，教师向学生灌输知识和问题的答案，学生往往发散思维不足，难以实现灵感迸发和头脑风暴，创造意识也就不能得到最大限度的发挥。为了解决这一问题，高校开始进行了有针对性的教学改革。研究性学习可以为高校教学改革提供工具。研究性学习重视学生的主体价值，学生的不同想法特别是新想法会受到允许和鼓励，在学生有了想法之后，他们可以进行资料查找，遇到问题可以向教师询问，并且自己制订学习计划，进行整个的研究性学习过程。在这一过程中，学生的创造意识得到了开发，他们不仅了解了需要学习什么，而且还掌握了为什么要学习、怎么学习。创造来源于思想的发展，来源于思想的碰撞。因此，高校教育改革中，必须重视学生创造意识的发挥。

4. 沟通合作能力

在传统教学模式下，学生的学习任务繁重，学习模式较为固定，学生倾向于选择"埋头苦读"的学习方式，除非学习活动无法独立完成，否则学习沟通、交流不会是学生主动选择的学习内容和学习方式。而在新课改的背景下，高校学生与中小学生不同，学习时间、空间较为自由，学生可以支配的自由时间变多，但是有些学生还采用"教学楼—宿舍—图书馆"这样三点一线的时间安排模式。可以看出，在这种模式下，学生没有条件，也没有主观意识进行沟通、合作。而研究性学习强调学生的沟通、合作能力的培养，在选定研究课题后，课题往往要高于学生目前的学习水平，学生往往无法独立完成，此时学生可以选择向教师寻求帮助、与教师进行沟通，但是教师的时间和精力毕竟有限，而有些问题也不需要向教师请教，在这种情况下，小组合作便成了最佳的方式。在学习小组中，成员可以共同就某个问题进行探讨，从多角度对课题进行研究，通过头脑风暴，不仅可以解决现有问题，甚至可以产生思想碰撞，进而迸发新的思想。这样学生不仅可以完成研究性课题，而且可能会产生新的课题，还可以锻炼自身的沟通、合作能力。要知道，无论毕业后从事何种工作，都需要一定的沟通、合作能力。

培养全面发展的素质型人才成为我国高校教学改革的重要目标之一，这是时代发展的要求，也是实现高校发展、学生个人发展的必经之路。而要实现这一目标，高校必须重视学生实践能力和创造能力的培养，但是也不能忽视基础知识的积累，因为基础知识是学生实现发展的根基，创造能力和实践能力则是实现学生全面发展的源泉。

（二）课程体系

课程是高校进行教学活动的主体，不管是教学目标的实现，还是教学方式的选择，都不能离开课程这一载体。因此，要进行教学改革，首先要对课程体系进行改革。课程体系包括教材的编写、开发与选择，教学活动的开发、利用，课程资源的积累，等等。在研究性学习中，教师会根据学生的需要及专业要求，为学生量身定制，或者选择合适的教材，既有对理论知识鞭辟入里的解读，又有对学生实践能力的培养与发挥；在教学活动的开发、利用上，不仅要重视课程本身的设计，而且还需定时开设学术沙龙、专家讲座、学术报告、学习实践等，注重学生主体价值的发挥；在课程资源的积累上，应结合网络上丰富的教学资源，并使用多媒体技术手段，为学生提供涵盖知识面广、专业性强、能激起学生学习兴趣的教学资源，并且形成教学资源库，但是网络资源良莠不齐，这时就需要教师对其进行有针对性的分析和选择。

（三）教学管理

研究性学习重视选修课程的设置，并且符合3+1学制的要求。选修课是我国高校课程的重要组成部分，学生可以通过选修课，补充自己的知识，并且根据自身需要，选择适合自己的课程。选修课可能和高校学生的专业相关，也可能无关，只是学生感兴趣所以选择这门课程作为选修学习。选修课是相对于必修课的概念，与必修课相比，它没有强制性，而且更能贴合学生自身的需要。比如，一名学习英语的学生对编程感兴趣，选择了编程选修课，并且通过刻苦学习，取得了很好的成绩，在毕业后，学生在工作岗位上，有和编程相关的业务，那么他便可以利用自己从选修课上获得的编程知识，来解决工作中遇到的问题。因此，高校在教学改革的过程中重视选修课程的管理，主要表现在根据所有学生的不同需求，以及学校的教学及师资条件，设置合理的选修课科目，并且根据新技术的发展、新观念的出现、社会对于人才的需求，不断地对选修课科目做出调整和补充。选修课往往与学分有关，这就在给学生自由度的基础上，增加了一个限制，这个限制是必要的，因为如果学生选择了选修课，却不去参加教学活动，会造成教学资源的浪费，而且对于学生个人的发展、学生的成绩都有不利的影响。

除了选修课，在教学改革中，对于学制的管理也至关重要。大部分高校采取的是四年制教育，医学类院校可能采取的是五年制教育，在四年的高校学年中，往往会让学生在前三年学习理论知识，第四年进行实习，而且前三年的理论知识的学习也是呈阶梯式递进的。以外语专业的本科学生为例，第一年的课程往往是专业基础知识、通识课程教育等，如英语、高等数学、外语语法、外语语音等，还有的学校会在大一时开设职业生涯规划课程，让学生对自己未来的发展有一个大体的设想。大一的课程基本上是以筑牢专业基础，提升通识知识水平为主的。大二、大三的课程开始细化，除了基础知识，还增加了不同的专业方向课程的学习，学生可以根据需要选择不同的专业方向进行深造，如文学方向、语法方向、翻译方向、国际关系方向等。在这一阶段，学生明晰了自己未来的职业定位，并且朝着职业目标的方向不断努力，高校则为学生提供相关方向的课程资源，供学生进行深入学习。而在大四，大学往往不会安排很多课程，基本上将时间交还学生，但是并不是"放假了"，而是让学生开始进入实践过程，学校会给学生提供实习生的身份，让学生能够在没有相关工作经验的基础上，进入正式的工作单位实习，锻炼自己的实践技能，并且对自己未来的工作有大体的了解，如果实在不合适，还可以趁这个机会选择别的方向的工作。如果有些学生没有能力自行找到实习单位，高校可以通过自身的社会资源，如院校合作企业、本校实验室、本校附属单位等，为学生安排实习岗位。这一阶段，学生进入岗位准备状态，可以进行"试错"，也许有些工作不适合学生，也许有些工作与学生的专业能力符合，并且能实现个人的发展。

（四）教学评价

教学评价对于教学的重要意义不言而喻。在高校教学改革中，基于研究性学习的教学活动，对于教学评价格外重视。以往的教学评价侧重于教师评学生，也就是说，教师通过测试等方式，对学生的学习成果进行检验，在测试成绩的基础上，结合学生本人的情况进行评价。而教学评价中学生评教师的环节，往往让学生以匿名评教的方式进行。这种方式是对教师教学的整体评价，一般没有关注教学的具体活动，因此对于实际上的教学活动改进帮助不大。而在基于研究性学习的教学评价改革中，教学评价的内涵发生了变化，即出现了多样化的评价内容和评价方式。重视教师对学生的评价，改变了以往教师通过"期末考试""期末论文"作为唯一评价标准的形式。教师参与学生进行研究性学习的整个过程，所以会在教学活动的各个关键节点对学生进行评价，最后综合学生在整个学习活动中的表现，对其基础知识掌握能力、科学研究能力、逻辑思维能力、创新创造能力、实践能力等做出评价，而且会提出学生的不足之处和改进方向。教学评价也不是一次性的，学生是处于发展中的，所以对学生的评价也处于发展中。重视学生对教师的评价。学生对教师的评价不能流于形式，而是既要注重整体评价，又要关注教学活动。学生是教师进行教学的对象，教学效果也是通过学生的学习成果表现出来的，所以学生对于教师所教授的知识、教学方式等是否能够满足自身需求有发言权。学生在评价教师时，从自身实际情况和亲身体验出发，对教师的教学内容选择、教学理念展现、教学手段选用、教学侧重点表现等进行评价，使教师能够提高自己的教学水平，提高教学效率，实现人才培养目标。重视师师互评及院系评价。在某些情况下，学生需要通过合作完成学习任务，而教师也需要通过合作完成教学或者科研任务，尤其是在研究性学习模式中，所以通过师师互评，教师可以发现自身的不足，从不同的角度思考问题。而院系也要充分发挥自身的监督作用，把控整体，对教师及学生进行评价。

（五）教学方法

在研究性学习中，传统的讲授式方式无法满足教学需要，无法实现培养全面型人才的目标。但是引导型方法，如案例法、讨论法等，能够激发学生的学习兴趣，使学生的主体价值得到发挥。因此，在新课改的背景下，高校教师倾向于选择引导型的教学方法代替输入式的教学方法。在采用传统教学方法的学习过程中，教师的教学目标是让学生学会自己教学的知识，所以教师是教学活动的主导，学生是学习活动的对象及教师的配合者。而新课改强调学生的主体地位，教学方式也要转变。在研究性学习中，教师是学生学习活动的引导者，启发学生的思考，在这一过程中，教师会运用引导型的教学方法，为学生解答疑问，并且让学生学会举一反三，从学会知识到学会学习转变，培养学生自主解决问题的能力、独立思考能力。

（六）学生

新课改强调学生主体地位的发挥，而研究性学习也重视学生的主体性。关注学生的主体性发展，就是要让学生根据自身的实际情况，自己确定研究主题、选择研究方向，在教师的引导下自主地解决学习过程中遇到的问题。学生学习不是为了教师学习，而是为了自己学习。在传统教学活动中，这也是教师经常向学生传达的观点，但是传统的教学方式中，学生的主体性受到抑制，因此一般对于这句话没有什么触动。部分学生甚至认为，学习内容是教师选择的，所学知识是教师灌输的，作业是教师评价自己的手段。不难看出，他们将自己定位于强制配合教师完成教学任务的角色。但是在研究性学习中，学习内容、学习方式等都需要学生的参与，学生的主体性得到了发挥，学生的积极性得到了激发，通过充分参与教学活动，提高了自己的知识水平、创造思维与实践能力，进而最大限度地提升了学习效率。

三、高校教学改革的氛围环境基于研究性学习的探索

（一）建设高校软性环境

研究性学习注重外向性。在开放的情境中，教师和学生被视为主题的开发者和创新者，他们在互动的过程中共同构建研究性学习。研究性学习为学生

提供了一个自由、无拘无束的软环境，可以激发学生学习乐趣和学习热情的学习氛围。在学习过程中，面对问题学生不再羞于回避，而是敢于提出自己的想法，敢于批判权威的结论，设计自己的课程，表达自己的观点。

（二）建设高水平的教师队伍

教师不仅承担着教学任务，而且是高校人才培养战略的直接执行者。高校教师的素质对于教学水平和人才培养质量有着重要意义。只有高校教师有较高的教学能力，学生才能在学习道路上少走弯路。因此，教师队伍建设也是教育学者关注的焦点。

一是教师角色的变化。在研究性学习中，教师不再作为知识的讲授者，而是在学生学习过程中，对他们的学习活动进行指导，并且对他们的学习情况进行监督。传统的输入式教学以知识学习为目的，强调要让学生掌握知识，忽视了对学生学习能力、实践能力、创造意识的培养。研究性学习不仅仅是知识的获取，更是在学习过程中培养学生的自主学习能力和创造思维。此外，教师角色的变化也表明，教师不再能够独立完成教学任务，研究性学习涉及广泛的知识，需要教师打破之前在该领域的壁垒，从个人到合作形成合作教学小组。建立一支教师队伍，对我国高校的教学现状进行调查是当务之急。建立有效的教学团队，可以促进教学内容和教学方法的改革和研究，促进教学讨论和教学经验的交流。特别是要促进老幼结合教学的发展、帮助与合作。

二是教师专业技能的培养。随着知识经济的到来，学生的学习不再局限于教科书知识和教师教学。因此，教师不能局限于自己的专业领域，必须适应专业发展。教师的职能也在变化，他们不仅要掌握专业知识，还要学习其他领域的知识，以实现融合。此外，教师应掌握获取现代信息的能力。今天，网络已经成为各种知识的载体，多媒体和网络技术是教师在课堂上需要熟悉的工具。

三是提高教师在科研中的沟通能力。科学研究是提高教师教学水平的主要途径。只有具备研究意识、研究能力和研究习惯，才可以成为创新型教师，进行创新教育。这就要求教师在教学过程中不断反思和交流，在反思和交流的过程中提高和发展自己的专业技能。此外，要特别重视培养年轻教师和优秀教师，使其成为学科的"学术带头人"。

（三）重视科学研究

高校的一个重要任务就是科研，高校不仅是教学场所，也是科研场所。在传统模式下，科研任务一般是由教师或者教师团队承担，学生对于科研任务的参与度和积极性都不高。但是在研究性学习的背景下，高校人人都可以参与科研，尤其是学生的科研参与度有所提高。高校不仅为学生提供进行科学研究的场所和资源，而且会采用项目资助、评优加分等方式，鼓励学生积极参与科研活动。高校也积极建设科学研究基地，为学生提供进行科研的必要条件，以提升学生的创造思维及实践能力等。

第六章 基于MOOC的高校教学改革

第一节 MOOC的内涵和特点

一、MOOC的内涵

（一）定义

MOOC是"massive open online course"的缩略形式，意为大规模开放式网络课程，指课程提供方将课程的相关资源，如视频、学习材料等置于特定的网络平台，供注册者学习，并开辟相应的渠道供学习者相互交流、讨论，教师负责答疑辅导，最后通过某种形式的考试进行学业测评并对成绩合格者颁发相应证书。MOOC是加拿大学者戴维·科米尔和布莱恩·亚历山大于2008年首次提出的课程概念。2011 年，斯坦福大学的萨巴斯坦·斯朗和彼得·诺威采用MOOC的形式推出一门名为"人工智能导论"的课程，吸引了大约16万人注册学习；该校稍后推出的"机器学习"和"数据库导论"两门课程也分别有10万和9万人注册学习。MOOC由此受到社会各界的广泛关注，众多教育机构纷纷参与到大规模开放式网络课程的建设中。目前，提供MOOC资源的教育平台主要有Udacity、Coursera和edX三大巨头，吸引了众多世界顶尖高校参与其中。新加坡国立大学（NUS）是第一个与Coursera合作的大学，并且在2014年，成为第一个在其平台上提供"量子物理"和"古典音乐创作"课程的大学。这三个主要平台上的课程是专门用于高等教育的，有自己的学习和管理系统，就像真正的大学。随着网络技术的发展，MOOC以其区别于传统课堂教学和普通网络课程的独特优势，受到越来越多学习者的青睐，并在教育领域发挥着更大的作用。

（二）理念内涵

MOOC的内涵可以从课程形式、学习模式和知识创新方面来解释：MOOC是一种大规模开放的在线虚拟课程，将教学和学习与全球不计其数的学习者联系起来。它们不仅提供传统的学习材料，如视频、文本和作业，还在一个互动论坛中提供了一个学习社区，并将数不胜数的学习者聚集在基于共同兴趣和学习目标的课堂上。MOOC是一种新的学习模式，由开放的学习工具和服务组成。整个学习过程在网上进行，因此来自世界各地有学习需求的人都可以在网上学习。MOOC不仅是教育技术的创新，也是一种新的教育模式，一种新的学习方法。MOOC为人类知识和智慧的发展提供了一个新的平台，大量不同的学习者、教师和研究人员在这里相互启发，分享思想，创造出丰富的分布式知识库。

（三）理论基础

MOOC快速发展的主要理论基础是终身学习的理念及民主和平等主义的影响。自1965年联合国教科文组织的保罗·朗格朗在促进成人教育国际会议上首次提出终身学习的概念，它一直是全世界教育发展的核心思想。终身学习的概念促使人们认识到，学校教育只是终身学习的一个阶段，在学校获得的知识并不总是足以满足现实生活的需要，人们必须始终更新自己的知识结构，以满足社会发展的要求。终身学习的理念是满足人们的需求，不仅是为了就业和个人兴趣，也是为了高等教育和职业资格等。MOOC是一个教育概念，旨在分享优质教育资源，改变获取知识的方式，实现教育平等，促进终身学习，满足更多受众的教育需求。

MOOC之所以能够区别于传统的在线教育，主要是因为云计算、人工智能和大数据分析的成熟，使得MOOC能够成功地将视频和交流结合起来，实现实时互动参与。MOOC通过关注在线学习、移动互联网、社交服务和大数据分析等，弥补了传统视频讲座和交流的不足。这是MOOC在技术方面的一个概念上的突破，因为MOOC现在可以以实时、互动和参与的方式将视频和交流结合起来。

建构主义和联结主义是MOOC的两个重要学习理论。这两种学习理论的主要区别在于它们是关注学习过程还是学习内容。根据建构主义学习理论，"教和学不能包括把知识当作预定的东西来教，不能根据我们对知识的理解来证明学生对知识的掌握，也不能用社会权力来压迫学生。学生对知识的认识只能通过在自己的经验中分析知识的合理性来构建。在学习过程中，学生不仅要获得新的知识，还要对其进行分析、检验和批判"。相比之下，连接主义学习理论源于行为主义，它强调"学习不再是个人的内部活动，而是专业节点和知识来源之间的连接过程"。连接主义的知识观指出，"知识库的快速变化导致了决策过程的变化，新的信息不断出现，区分重要和不重要信息的能力非常重要"。连接主义强调，个人的知识与不同的机构和组织形成了一个相互交织的网络，每个机构或组织的知识都会为个人的网络提供养分，并实现持续学习。它的学习观强调的是，重点不再是知识的内容，而是个人学习网络的发展。它认为，人们可以花更多的时间建立个人学习网络，将理解、吸收、处理和应用知识的部分过程委托给网络中的节点。

MOOC是一个统称，包括cMOOC和xMOOC。连接性学习理论强调学习网络的形成，尤其是在非正式的环境中，这一理论影响了cMOOC。另外，xMOOC以建构主义为学习理论基础，通过练习和测试对学生的学习水平进行分类，并遵循更为传统的教育模式，只是对传统模式进行了变异和改革。MOOC课程的特点是开放的、自上而下的和背景性的方法，基本的学习理论是建构主义。这里的"开放性"来自建构主义，它认为事物是复杂多样的，对事物的理解应该从多个角度和层面进行探索，没有固定的起点或学习路径可供学习者遵循。现代大规模的MOOC主要是基于建构主义的学习理论xMOOC。

对于我国教育的发展来说，MOOC有着重要的价值，不仅能够更新学生的学习方式、教师的教学方式，而且可以让学生的学习活动突破时空的限制，对于培养全面发展的人才有着重要意义。同时，在MOOC模式下，学生有着较高的学习自主权，能够随时随地满足学生的学习需求，学生也能够自主选择学习内容，确定学习主题后，可以通过MOOC平台上的优质课程资源开始学习活动。

二、MOOC的特点

（一）规模大

MOOC的大规模主要包含三方面含义：大规模参与、大规模互动和大规模的学习数据。首先，大规模参与是指参与课程的可能性增加，如数万或数十万学习者同时参加一个课程。传统课程在规模上受到场地和讲师数量的限制，另外我们也难以同时向数万人提供优质材料。其次，大规模互动指的是当一个学习者提出问题时，在线交流平台会有成百上千的人在一起交流、讨论不同的观点。最后，大规模的学习数据。MOOC平台利用数据挖掘、人工智能和自然语言处理等技术对大量的学习行为数据进行多维度的详细分析，然后基于这些数据揭示课程特点和学习模式，并动态地调整学生学习的方向和策略。

（二）开放性

早期阶段主要体现在一些著名大学、著名教师和著名课程中。外国MOOC平台通常不限制注册人数，来自世界各地的学生可以自由参加他们喜欢的课程。2011年，斯坦福大学Schlum Thrunun教授的一门名为"人工智能导论"的课程是免费的。它吸引了来自190多个国家的16万多人，这些人已完成注册，2万人已完成课程。

开放性是互联网的固有属性，而MOOC的开放性来源于互联网的开放性，其具有四个层次：第一，学习课程时间和空间都非常自由，学习者可以随时随地利用移动设备参与线上课程的学习，不受传统教室的时间和空间约束；第二，开放自由，除了学生需要支付一些费用和申请课程证书，数据、资源、内容和服务都是免费提供给全世界的学习者的，学习者可以无障碍地获取课程资源，自由获取信息和知识；第三，课程体系是开放的，学习者和教师可以使用在线学习工具，与MOOC学习环境之外的人保持信息交流，自由吸收最新的知识；第四，学习者可以利用社交媒体与同伴和教授进行自由互动，学习者在媒体背景下对自己的知识建构负责，真正的学术自由和表达自由得到了实现，学习中的权威也就消失了。

（三）互联网化

MOOC的互联网化主要表现在学习环境网络、个人学习网络和课程信息网络这三个方面。在学习环境网络这个层面中，MOOC的教学资源是利用移动互联网来制作和传播的，MOOC的教学活动也是通过互联网进行的，使用各种在线学习工具来辅助学习。在个体学习网络的层面上，参与MOOC的学习被定义为个体学习者创建自己的内部知识网络和外部环境网络的过程，学习者通过同化和认知适应机制更新他们的大脑信息网络。就知识网络而言，MOOC课程可以被描述为一个基于知识的嵌套系统，学习者、教员、社交媒体、学习资源和人工制品是节点，知识离散地分布在网络中的每个节点。

（四）个性化

与传统课程相比，MOOC更加以学习者为中心。首先，学习者可以自主地选择想要学习的内容和节奏；MOOC平台使用协作过滤技术，根据学习者的个人实际情况和学习模式、规律来推荐符合学习者兴趣的课程。MOOC对学习者的个人学习场景也很重要，它可以帮助学习者制订符合学习者习惯的个人学习计划，从众多的课程资源中选择和推荐符合学习者认知需求的学习资源。移动学习设备的使用使学习者突破了传统教室和实验室的禁锢，并灵活地将学习融入学习者所处的学习环境，实现了个性化和情景化的学习。

（五）参与性

参与性是MOOC与开放视频课程、在线课程和资源共享课程的主要区别之一。因为MOOC在互联网上提供高质量的学习资源，如教案、作业、讲义、调查、教材和教育视频，与上述三种类型相似，都是在互联网上提供高质量的资源，但与他们有所不同的是，学生和教师通过移动互联网来参与整个在线教学过程。学生的知识背景、认知水平、地区、年龄和性别差异很大，课程内容随学生的讨论而变化。根据MOOC视频制作的特点，一般按知识进行划分，因此视频控制的时间一般为5~10分钟，这样学习者可以利用碎片时间进行学习。首先，MOOC拥有独特的学习方法和教学活动，如课堂讲授、随堂测试、虚拟实验、师生对话、学生研讨、作业互评、小组作业、单元测试、期末考试和认证申请等；MOOC的学习环境是基于互联网的自动跟踪和记录功能的，学习者在课程中的行为被记录和储存，学习效率由用于分析学习行为的算法决定。它不仅为学习者和教师提供了关于形成性评估数据和结果，还提供了准确性的及时反馈及个性化的教学指导。因此，MOOC能够帮助教师及时准确地了解自己的教学效果，有利于教师改进自己的教学策略和方法，进而科学、全面地提高教学质量。

第二节　基于MOOC的高校教学改革的可行性及必要性

一、基于MOOC的高校教学改革的可行性

在学术转型期，基于MOOC资源的混合式教学改革，无论从课程资源基础、学习者需求、教师的接受程度、高校的软硬件条件来看都相当可行。

（一）有一定的课程资源基础

在传统教学时期，经过近几年的发展，大多数高等院校已经开发了相当数量的优质网络课程，其中一些甚至是省级或国家级课程，大部分已经可以在线上学习。另外，"国家精品资源共享课"建设，与MOOC建设有部分相似之处，"国家精品资源共享课"要求提供教学视频及和课程相关的数字化资源包，包括课程介绍、教学大纲、教学日历、教案或演示文稿、重点难点指导、作业、参考资料目录等教与学活动必需的基本资源。这些课程基于多年的教学实践建立了强大的教学团队和完善的学习资源，团队里的教师对课程、学生、教学和使用学校的在线学习平台都有很高的要求，这也是基于MOOC资源的混合教育改革的重要基础。

（二）满足学习者的需求

在传统教学模式下，学生的主体作用并没有得到应有的发挥，"老师讲，学生听"的模式较为普遍，学生的学习积极性难以得到有效发挥。在MOOC模式下，学生成为学习的主题，能够最大限度地发挥自身的学习主动性。学生可以从自己的需求出发，对学习进度、学习实践进行安排，不会担心因为某些原因错过课程学习，也可以避免学生因为注意力不集中而漏听、误听

知识点。在自由度较高的MOOC课程中，学生甚至可以自由选择上课时间，比如，某个学生觉得自己晚上学习效率比较高，那么只要他有网络及能够进行MOOC课程的载体，他就可以选择晚上进行课程学习。此外，在传统课堂上，学生可能会因为害羞或者害怕影响课程进度而不敢举手问问题，但是在MOOC模式中，学生可以选择在讨论平台上发帖，或者与教师"私聊"的方式，提出自己的疑问。

1. 满足高校学生自主学习需求

MOOC课程将知识点切割成一个个微型的知识点，视频通常短小精练，这能够使学生集中有效时间解决学习中的重难点问题，也方便学生的自主学习，有效满足不同个体个性化的学习需求。MOOC的出现是网络技术和移动学习技术发展的必然产物，它的根本作用是改变学生的学习方式，促进学生便捷学习。

2. 降低学习者的学习成本

当前，高校开设的专业技能课程不仅是在校学生就业的基础，也是许多没有机会、没有资金和条件就读大学，但又需要学习新的谋生手段人群的重要学习内容，如果将MOOC引入高校教育中，既服务于在校学生，节省学习费用，又服务于农民、工人、城市低收入人群，为农民工谋生、换岗、进城就业与立业提供低廉的技能教育服务，这种双赢的教学模式不失为高校教育发展的一种有效途径。

（三）教师角色的转变

对于参与MOOC课程开发的教师来说，MOOC对他们而言有很大的益处，比如说发展了跨文化能力，体验了学生视角的远程学习，拓宽了教学方法论的视野，等等。除此之外，MOOC课程还可以作为教师培训的有效手段和内容，如可以采用MOOC的形式对教师进行一些通识类、学科专业类及教学技能相关内容的培训。

近年来，随着MOOC的普及，应用型大学的教师通过参加会议、培训会和校内外培训，熟悉了教学思路和方法，已经在教学中运用了网络媒体，接受了基于MOOC资源的混合教育改革。在中国社会信息技术蓬勃发展的背景下，教师能够非常开放和迅速地学习和掌握各种新的信息技术工具。因此，以MOOC资源为基础，突破传统教学方法，引入信息技术工具，在大学中实施线上线下混合学习改革，并不存在任何障碍。

（四）高校软硬件条件

目前看来，在线开放课程并不能完全取代线下课程，这也是没有必要的。MOOC课程有诸多优势，但是也有一定的缺陷，如课程教学内容分散、结构具有自主性等。因此，MOOC课程与线下课程是互相结合、互相补充的关系，这样才能充分发挥线下课程与MOOC课程的优势，获得较高的教学效果。MOOC视频可以作为重要的教学资源，应用于线下课堂教学，如课程导入、专家讲座等。

我国新一轮的基础教育改革提倡学校自主开发校本课程，但是目前的校本课程开发中很多学校会面临课程资源缺乏的难题。如今MOOC课程内容广泛，既有学科专业课程，也有通识类课程。学校教师可以充分利用这些MOOC资源，将其移植到校本课程的开发中去，作为学生学习的内容。

此外，随着计算机和互联网的普及，高校学生参与MOOC课程变得越来越方便。高校内一般都建有图书馆、阅览室等，有利于营造良好的学习氛围，图书馆拥有大量的教学资源，近年来也在探索数字化图书馆建设，为MOOC的普及在教学资源上提供了基础。

二、基于MOOC的高校教学改革的必要性

（一）有利于促进传统教学观念的改变

MOOC大量进入高等教育的教学和管理过程，有助于改变传统的教学理念，为转变传统课堂的教学模式创造了机会。

传统的课堂教学多为集体教学，教师很少组织讨论式教学来完成教学任务，大学教学仍然是教师讲课、学生认真听讲的教学模式，师生互动较少，学生之间的合作学习、探究学习基本不存在，学生仍然是一种个体学习。因此，在这种教学中，很难调动学生的主动性。在MOOC教学过程中，一方面，学生可以利用各种工具，通过课堂和网络等不同方式获取所需的知识，更重要的

是，它使学生不仅可以获取知识，还可以参与到知识创新的过程中；另一方面，学生的学习不再单独存在，学生的学习也不再局限于个体独立，而是通过讨论区实现大规模、广泛的学习。学生的学习不再局限于个人的自主性，而是通过讨论空间大规模实现，来自不同国家、不同学校、不同专业的学生及教师都可以表达自己的观点，互相学习，互相交流，学生在学习过程中不仅可以发挥自己的个性，还可以实现不同形式的创新内容和教学方法的结合。这样一来，学生愿意主动学习，成为真正的学习主人，而教师则需要不断培养自己的教学能力，更新自己的教学技能，完善自己的教学计划，使教师和学生在教学过程中实现"教学相长"。因此，MOOC的出现为教师提供了改变教学方法和实施真正以学生为中心的教学的机会。

（二）有利于实现因材施教的教育理想

与传统的课堂学习模式相比，MOOC具有大数据分析功能，利用网络信息技术对学习者在学习过程中的行为、学习者的视频浏览量、每周测试、课堂测试次数等进行统计。从这些数据中，我们可以清楚地看到学习者个人在学习过程中的情况，如学习者的学习内容、学习者的学习行为、学习者的错误观念、学习者的参与度、学习者的进步、学习者观看视频时的错误观念及学习者的知识掌握情况。据估计，MOOC讲师在几周的教学中收集的学习数据几乎与他们几十年的传统课堂教学一样多。

MOOC的大数据分析功能既能让教师教，又能让学生学。一方面，教师可以利用MOOC的大数据分析功能来检验自己的教学，丰富自己的教学理论，这是提高教学质量的重要指导。在MOOC课程教学中，收集、测量、存储、管理、分析和挖掘与学生学习相关的数据是一个有机的整体，与技术相结合，可以实现基于大数据的学生学习个性化分析。通过数据分析和挖掘，可以研究学生的学习成果，分析他们的学习特点和影响学习的因素等，并预测未来的学习成果和成功率以指导和引导学生，最大化的影响第一个学生。此外，通过对收集到的数据进行研究，教师可以将宏观和微观数据结合起来，了解教学的隐性规律，丰富教学理论以更好地指导实践，为学生提供及时的反馈和指导，不断改进课程和教案，进一步提高教学效果，改善教学质量。另一方面，学生有机会使他们的学习个性化。在传统的课堂教学中，教师很难考虑到每个学生的学习需求，因为学生是按照教师结构化的统一步骤，按部就班地学习。通过大数据分析，教师可以了解每个学生在每个阶段的学习情况，并提出相应的教学建议，提出合适的教材和教学方法。这种教学方法可以为学生提供个性化的学习，从而使学生对学习产生兴趣，激发学习兴趣，提高学习效率。MOOC的"大数据分析"功能允许教师分析收集到的数据，为学生设计不同的学习材料和方法，从而促进"有教无类、因材施教"理想的实现。

（三）有利于实现以学生为中心的课堂教学模式

与基于知识传授的传统教育模式相比，基于MOOC的翻转课堂学习模式让学生真正成为学习的主人，并实现个性化学习。美国科罗拉多州的阿拉帕霍高中和伍德兰帕克高中已经在教育领域引入了翻转课堂。伍德兰高中的两位化学教师伯格曼和亚伦在2006年开始进行实验，被认为是探索翻转教育的先驱者。可汗学院的出现，进一步推动了MOOC和翻转课堂的实践。

MOOC课程通常由教师上传在MOOC平台上，学生选择自己的学习时间。教师可以利用这一特点来激励学生观看在线视频内容，然后在课堂上，教师指导并解决学习过程中出现的问题。与传统模式相比，翻转课堂的信息传递过程发生在课前，学生通过观看教师在课前用在线技术录制的视频来补充对教育内容的学习。内化过程在课堂上进行，教师和学生可以一起探索和讨论，解决疑难问题，在教师和学生的支持下完成内化过程。这种"先学后教"的方法可以在一定程度上弥补传统课堂在以下关键方面的不足。第一，它强调了教师的主要作用。在课堂外，学生的态度从被动，听教师讲课，转变为积极构建知识的态度。在课堂上，学生解决他们面临的问题，积极参与互动讨论，从被动的思考者转变为问题的制定者。第二，学生可以个性化地学习。在MOOC学习中，整个学习过程是个性化的，学生可以根据自己的情况选择课程的进度，遇到不懂的地方可以多跟几遍，也可以停下来思考，对难懂的段落做笔记。第三，师生互动的质量得到提高。学生提前了解信息，在课堂上以有意义的方式提问，课堂上有更多的时间进行师生互动，教师和学生可以花足够的时间完成课堂任务，吸收信息。因此，对基于MOOC的翻转课堂模式进行创新，可以优化基于教师讲授的传统教学模式。

（四）促进传统教育内容边界的扩大

如今，随着信息技术的飞速发展，学科知识越来越广泛，知识的更新速度超出我们的想象，我们几乎被海量的信息淹没，需要掌握的知识也越来越多。在此基础上，作为信息技术与教育融合的产物MOOC应运而生，以实现优质学习资源的交流。这使得优质学习资源得以共享，学习内容的范围也无限扩大。大学教育的对象是已经拥有一定知识体系的学生，这就要求大学教育不仅是一个知识传递的过程，也是一个知识创新的过程。MOOC时代的出现使教育从"学校选择合适的人进行教育"过渡到"人们自己选择合适的教育"，这需要学习如何建立个人知识，获取最新的科学知识，并对人类共同的科学问题提出问题。

（五）我国高校教学存在的问题

1. 教学内容陈旧，教材没更新

学习内容是学习的直接对象，是学生的信息来源。学习材料的陈旧性影响了学生的学习动机，而学习材料的质量则影响了学生学习的准确性。特别是在信息爆炸的今天，获取信息的途径越来越多样化，互联网和智能设备使普通和非正规学习越来越多地融入学生的生活。

有一些教师没有更新教材内容。特别是在同一科目中组织的学习内容有许多相似之处，其中大部分与理论课程有关。谈到实践教学，有一些差异，因为各班的学习情况各不相同，还有一些老教师，他们已经教了几十年书，对内容很熟悉，不想改变。许多教师主要根据书本进行教学，并举例帮助学生理解，后来才意识到，他们用同样的方式对待不同的学生是行不通的。

2. 传统教学方法根深蒂固

现在，大部分高校依然继续使用传统的教学方法，即讲授法。在信息技术不断发展和多媒体的应用及普及的情况下，教师的教学方法已从传统的粉笔和白板形式转变为多媒体和基于计算机的学习内容。无法否认，这是教学方法正在改变，教学正在改革的体现，但许多教师只是实现了教学载体的改变，即将传统的学习内容转移到多媒体上，学习内容不变，只是采用了与传统方式不同的呈现方法。从本质上看，这不是实施教学方法的改革，因此教学效果没有明显改善。

3.师生之间沟通性低

在现代高校里，有一个不可忽视的现象：高校课堂被教师的讲授和学生的聆听所占据。在一些高校的课堂上，可以看到教师满怀激情地进行知识传授，但坐在下面的学生则毫无表情地听，甚至许多人的注意力根本不在课堂上。少数学生可能会主动发言，而且往往在课堂上积极发言的人是固定的。在这种情况下，一些教师选择在课堂上设计交流环节，如通过提问吸引学生的注意力，同时提高学生分析和解决问题的能力。然而，高校的课程中学生的数量很多，教师通过提问的方式无法"照顾"到每一个学生。因此，教师在课堂上不应该提太多问题，这会缩短讲授知识的时间。此外，能参与交流环节的学生数量较少且比较固定，教师也会喜欢与自己积极互动的学生，所以那些性格内向、不愿在课堂上发言的学生就很难被关注。然而，学习是一个双向过程，这要求教师和学生之间积极地交流，以便学生能够学习新知识，提高他们的知识获取、问题分析、问题解决、知识整合等技能。因此，教师应该尽力与学生沟通。不仅要提高学生的学习兴趣和课堂效率，还要提升教师自身的教学技能。

毫无疑问，这种情况与教师的教学方法紧密关联。在高校教育中，教师倾向于选择自己较为熟悉的传统教学方法，强调知识的传授，希望在有限的教学时间内尽可能地向学生传授最多的知识。尽管大多数学生上学以来就在使用这种方法，但他们的这种惯性也阻碍他们做出改变。这种情况的后果是，教师和学生之间几乎没有交流，换句话说，教师和学生之间交流的可能性很小，交流的意愿也很低。尽管一些教师已经开始采用新的、互动的、交流的教学方法，但从实际情况上看，目前很难有效地提高学生的参与度和积极性，课堂上的学习氛围也不够浓厚。

4.教学评价主体单一，评价方法亟待完善

在高等教育中，评估仍然由教师主导，学生很少参与评估，只有少数教师偶尔会尝试小组评估。

评估方法的质量对评估结果的准确性有直接影响。高校一般采用正式评估和笔试相结合的评估方法，其中笔试的重点。具体评估在期末成绩中的比例因教授而异，但不高于笔试在期末成绩中的比例。教师承认形成性评估的重要性，并大多设定其在期末成绩中的比例为40%，尽管它没有超过书面考试在期末成绩中的比例。在进行常规评估时，教师以学生出勤率作为常规评估的主要标准，而有特殊教育需求的教师则以学生出勤率和积极的课堂表现作为常规评估的主要标准。例如，在FLASH这样的实践课上，教师将学生的小项目工作作为评估的基础。然而，教师的主观性在正式的课堂评估中发挥着重要作用。在期末笔试中，客观题的比例通常为70%，这实际上是衡量学生的记忆能力。主观题的难度较低，通常在笔试题的最后一部分，更多的是以作文题的形式出现，而这一部分最能准确反映学生的能力。在评估学生的技能时，理论教师认为很难评估学生的分析、解决问题和创新能力，而实践教师则认为，可以衡量学生的技能，如在他们的最终项目中，可以看到他们的思考和规划能力及创新能力。

第三节　基于MOOC的高校教学改革探索

一、建构四位一体的教学理念

教学理念的改革对于高校教学改革来说非常重要，引导着改革的目标与前进方向。正确的教学理念能够引导教学活动向着正向的方向发展，即使出现"误入歧途"的现象，也总是会在教学理念的指引下，走回正确的发展道路；反之亦然，如果错误的教学理念引导教学改革探索，那么教学改革目标的实现就无从谈起。

对于基于MOOC的高校教学改革实践来说，其教学理念就是从学生出发，一切以生为本，从学生的角度进行教学活动，而进行教学活动的目的就是培养学生的学习能力、沟通能力、文化意识等，并且关注学生个性的发挥。其根本在于对学生学习的主动性、积极性的激发，使学生能够真正将学习当作"自己的事"，消除"为了老师学习""为了成绩学习"等错误观念，最大限度地激发学生的主体意识；让学生自行制订学习计划、学习目标，教师则成为学生学习过程中的领路人，为学生学习提供帮助和引导。对于学生的评价，不能仅基于学生的期末考试成绩，而是要用全面的观点看问题，从学生学习的全过程、发展性等方面，对学生得出一个全面的评价。

德国著名教育家和哲学家雅斯贝尔斯说："教育必须包括信仰，没有信仰就不能称为教育，而只是一种教学技术。"这里所说的信仰，就是教学理念。可以看出，教学理念是教育改革的前提条件，推动着教育改革向前发展，而且关乎学生的发展与成长。学生能力的培养是一个系统工程，通过教育手段对学生进行培养，不仅要把学生培养成人格健全的公民，使其成为社会主义事业的建设者，而且要培养学生的学习能力、实践能力、文化意识、创新意识，使其能够适应社会竞争，在社会上有立足之地，并且为社会的发展做出贡献，积极推动社会、国家、个人向前发展。大学生的发展关乎社会的发展，而教育教学关乎大学生的发展，教育教学能够使学生习得知识与技能。其中，重要的教育教学场所就是课堂，而课堂的成败直接取决于参与课堂教学的教师，MOOC的扩展和引入并不排斥教师，也不削弱他们的作用；相反，它对教师提出了更高的要求，期望他们接受更好的培训和作为一名教师的角色，对他们的课程内容提出了很高的要求。教师自身对MOOC教育理念的理解、对学科专业的理解、对学生的理解及办班的能力都直接影响教学和改革的效果。因此，在新形势下，教师有必要更新教学理念，提高教学技能，为大学教学改革和社会的健康发展服务。大学教师需要以与时俱进的科学教学理念为指导，以这些理念指导教学实践，以改善大学教学，提高教学效果。在激励大学生学习和创新方面，要从课堂、教师、学生和教材四个方面构建"四位一体"的教育理念。

二、构建以学习者为中心的课程体系

第一，课堂学习目标。大学的学习目标必须被设计为使学生学会如何学习，在学习中发展自主性，并能够转化他们所学的知识。同时，要对学生进行明确的技能培训，使他们拥有终身学习的有效方法，并能实现自己的可持续发展。目前，大部分中国的大学教育仍以知识传授为主，相对忽视了对学生独立研究能力的培养。这需要认真对待。

第二，课程内容共享方式。MOOC的特点之一就是开放性，作为一种开放的教育资源，MOOC为高校教育的发展注入了强大的动力。通过分析MOOC在我国高校的应用现状，可以发现我国开展基于MOOC的课程改革已经取得了初步的成果，如建设了"国家精品课程"及视频公开课等，这些课程资源极大地促进了知识的开放及共享程度，并且从初期仅为视频的简单罗列，发展到重视与学习者的交互，使得学习者可以更好地获取知识，也充分发挥了教育为社会服务的功能。轻松友好的课程交互界面、先进的学习辅助工具，是网络学习者的需求，也是优秀课程平台的重要组成。

第三，课程资源。MOOC的课程资源十分丰富，MOOC是基于互联网平台的教学方式，因此MOOC的课程资源形式多样，如文本、视频、音频、课件等。MOOC的课程资源通常以知识元为单位，即一个或一组MOOC视频课程或者课件，都是对完整的知识元进行系统的总结和分析的。教师在进行MOOC课程视频的制作时，他们的主要制作思路都是围绕知识元展开的，在其中穿插知识拓展、知识点掌握程度考查等。不仅能够以丰富多样的形式吸引学生的学习兴趣，而且能够提升教学效果，给学生讨论的空间，让学生之间能够进行思想碰撞，进而打开学生的学习思路。

三、MOOC与传统课堂形式的融合

近年来，信息技术的快速发展为知识的获取提供了便利，使学生能够在课堂之外获取大部分的教学内容。利用信息技术改变大学的教学方式已成为提高教育质量的一个重要手段。在教育领域，信息化的运用与发展也是不可忽视的方面，一方面，利用信息化手段能够提升教学效率和效果，教师可以接触更多的教学资源，满足学生的学习需求；另一方面，信息化发展趋势是教育改革发展的必然方向，教育改革是在国家改革开放的大前提下开展的，教育也要抓住时代发展的脚步，积极将信息技术运用于学校教育教学及管理过程中，实现教学改革的有益探索。

1. 课堂模式的探索

所有的学习活动都必须在特定的学习环境中进行，这是推动课堂学习活动的一个重要因素。不同的课堂环境对教师和学生的教学和学习有不同的影响。MOOC的出现改变了教师和学生之间的关系，给课堂学习环境带来了新的特点。在此背景下，传统课堂的那种以教师为中心的课堂模式需要做出改变，即变成以学生为中心，充分发挥学生的主体作用，调动学生的参与意愿，优化课堂环境，提高学生的学习效率，学生能够积极主动地进行学习活动，并且提高学生的沟通能力和合作能力，使学生在互相交流的情况下进行学习活动，更好地进行知识、技能的习得和吸收，使学生学会学习。

在近乎传统教学的xMOOC模式中，学习者可以用较高的效率获得良好的学习效果。而在学习过程更依赖于网络和群体的cMOOC模式中，学习者主动研究探索的能力更能得到锻炼。大学课程教学改革应当鼓励探索融合xMOOC和cMOOC二者优势的"xcMOOC"教学新模式，结合开放课程、在线学习及翻转课堂等手段，顺应信息时代高等教育发展的趋势和潮流。

2. 学生学习的探索

在MOOC背景下，学生从被动地学习知识的方式转变为主动学习的方式。课堂教学目的也从让学生学会知识转变为让学生学会学习，因为在走出校门之后，部分学生也不会停止学习活动，甚至可能成为终身学习者。而MOOC的形式适合终身学习的模式，能够满足学生的潜在学习需求。这就要求学生能够转变自己的学习思路、学习方式，使之更加适合终身学习的需要。

四、教学方式

对于高校来说，MOOC模式的应用所带来的最大的挑战就是教学方式方面的改变。传统的教学方式为了最大限度地完成向学生传授知识的任务，会采用灌输式的教学方式，而且由于技术水平的限制，往往会采用面授的班级授课制。而在MOOC背景下，学生可以突破时间和空间的局限性，通过计算机技术手段进行学习，这与远程教育有相似之处，但是存在本质区别，远程教育本质上还是教师与学生通过网络技术手段进行面对面授课的形式，双方不在同一空间，但是在同一时间进行学习活动，远程教育可以说是一种辅助手段。而MOOC则不同，首先，就是MOOC突破了时空的局限性，教师与学生不必在同一时间、同一空间进行学习活动，而是可以根据自己的学习安排进行；其次，MOOC是一个完整的教学过程，包括教学目标的制订、教学内容的设置、学习效果的检测等。总而言之，随着信息技术的发展，网络及智能终端不断普及，MOOC对传统教学方式发起了冲击。

目前，在高校教育中，学生需要根据教学安排，在特定的时间去特定的场所进行学习，而且在课堂上如果错过某个知识点或没有理解知识内容，只能等课后向教师询问或者就此作罢，可以看出是一种被动式的学习方式。即使是目前比较常见的"网课"也是一样。而在MOOC中，学生采取主动式的学习方式，可以根据自己的学习计划随时进行学习活动，不仅可以自己决定学习的时间、学习的进度，还可以决定学习的内容，学习活动突破了时空的限制，学生可以自定步调地进行学习，而且学生不仅可以选择本校的课程，还可以选择学习国内外其他高校的精品课程。MOOC平台大都有沟通讨论区，学生可以在讨论区提问、答疑、讨论，促进知识的融会贯通、思想的碰撞交流。但是，也要注意，MOOC不可能完全替代传统的面授式教学方式，如果学生的自主学习能力较差，或者没有MOOC所需的硬件，那么面授式的教学方式仍旧是所需的教学方式。同时，教师的育人教导、校园文化及班级文化对学生的熏陶在学生教育中是必不可少的，而这些内容只能通过面授课程来实现，MOOC无法做到。

在这种情况下，高校面对教学改革带来的重大挑战，应该对MOOC进行扬长避短，充分发挥MOOC的优势，具体来说可以从两个方面进行。第一，由于MOOC平台拥有众多优质的教育资源，而且在MOOC平台上，教师与学生、学生与学生之间可以进行充分的交流和沟通，可以最大限度地提高学生学习的主动性，因此高校可以通过MOOC平台，进行MOOC与翻转课堂相互配合、互为补充，教师可以让学生在课下进行课程内容的预习、复习，课上教师与学生进行沟通、互动，弥补课堂教学中互动模块缺失的短板。第二，针对自主学习能力较差的学生，教师可以采取适当的措施，强制或激励学生进行MOOC

学习，完成学习活动。现如今，对于一些公共通识类课程，高校往往会通过MOOC平台让学生进行学习活动，而对于某些学生拖延学习活动的情况，高校可以为学生规定，只有通过某门课程的考试、看完所有课程视频，才能拿到学分的方式，强制学生进行学习；也可以采用对积极进行MOOC学习的学生提出表彰等方式，激励学生进行学习。

五、教学评价

为了明确MOOC的教学评价，首先应该讨论什么是教学评价。教学评价是对教学目标的恰当性、教学策略的有效性及教学结果（知识、能力、情感）的实现程度的判断。根据教学评价在教学活动中的作用，教学评价可分为定向评价（在教学活动之前，应告知学生其准备情况、所需知识和技能、学生的兴趣和习惯等，以选择教学方法）、形成性评价（反馈教学过程中的成功和失败信息，巩固成功的地方，并显示需要改进的地方）、诊断性评价（回顾学生的学习错误和调查重复错误的潜在原因。）和总结性评价（判断达到教学目标的程度）。根据不同的学科，教学评价可分为个人自我评价、小组评价、教师评价（监督评价）。

教学评价同样也受到了MOOC的影响。MOOC课程对于教学评价的重视程度较高，MOOC所采取的教学评价方式具有多元化的特征，包括对知识的考查、学生对于知识的掌握程度等内容上。传统教学模式中的教学评价往往是课上成绩和期末成绩（考试或论文）按照一定的比例进行综合评分；在MOOC中，由于网络平台的可追溯性和数据处理方面的优势，学生的成绩可以是课程作业、考试、讨论、同学互评、教师评价等各种因素的综合评分。

除此之外，通过MOOC平台进行学习活动的学生很多，这就带了大量的数据，如学生的学习时长、学习内容、讨论主题、作业完成情况等，而计算机技术可以对这些数据进行整合、处理、分析，进而生成学习报告，可以针对学生群体，也可以针对个别学习者。这样，平台可以根据学生的情况对教学模块和课程设置进行优化改造，教师可以根据学生的实际情况和需求，对课程内容进行调整和优化，进而充分发挥教学评价的作用。

简言之，MOOC基本上反映了传统高等教育难以实现的教学评估主体和评估形式的多样化。在这方面，传统高校必须做出以下改变：第一，学生在教学中可以增加相互评价的可能性，并将其作为最终评价结果的一部分，学生的理解和教师对学生的理解之间存在差异，这种方法能够对学生进行更全面、客观地评估；第二，如果高校具备开设MOOC课程的条件，学生可以通过MOOC平台学习，然后教师可以从学生的在线学习中获取数据，并使用数据分析技术来评估他们的教学和学生学习，以提高评估的准确性，并为下一节更好的课提供指导。

六、转变教师角色

MOOC的到来，"传道受业解惑"在教师责任中的比例悄然改变。因特网上的数量和质量不断提高的开放教育资源似乎可以减轻教师的工作量，但不能取代教师。因为研究性教学、更新知识和实施新的教学模式有赖于教师的努力。

在信息时代，教师应改变传统课堂教师的角色，认真学习MOOC的成功经验，在以学生为中心的教学体系中，发挥教师的重要作用。目前，我国一些大学已经开始尝试使用MOOC进行跨学科教学。教师不仅进行面对面授课，而且也是相关MOOC课程的讲师。这条道路的研究与实践必将为网络时代教师角色的新定位奠定基础，为大学课程改革注入新的活力。

具体来说，在新课改的背景下，教师的角色发生了转变，教师作为学习的组织者、引导者的角色定位更加凸出，而MOOC对于教师这一角色转变，发挥教师的主导地位，实现学生的主体作用有着重要的意义。在MOOC教学中，教学活动不仅是教师一个人的事情，而是一个团队的事情，有负责选题策划的教师，对教学内容进行整理的把控，并确定教学的大体框架；有授课教师，这些教师负责进行具体教学设计，并将教学内容呈现给学习者，一般由能力较强的资深教师、名师担任；有辅导教师，主要负责与学生的沟通工作，负责答疑、批改作业；等等。原本由一名教师负责整个教学环节，对于教师的时间、精力都有不小的考验，但是在MOOC平台上，不同的角色分工使得教师的职能划分更加清晰，教学活动变得井然有序。通过这种形式，不仅提升了教学质量，而且将教师从繁重的教学任务中解放出来，使得教师有更多的时间提升自己，强化自身的"科研者"定位。

七、完善配套设施建设

建课、用课、运行都是由MOOC平台来完成的，平台的质量与服务能力直接决定着MOOC的实际发展，因此要把 MOOC平台建设作为基础性的保障支撑。目前，我国MOOC平台主要都是以企业为主体进行建设和运营，政府要在平台建设与导向、服务与营收等方面发挥引导和规范管理等作用，促进平台的良好发展。

近年来，我国对MOOC平台进行了全方位的整合，为迎合学生的需求，设置了众多的配套功能：第一，拓宽网络途径，扩展MOOC平台功能，让MOOC平台在移动终端上线，进一步方便学生进行学习活动；第二，完善MOOC平台助教团队，不断补充答疑助教、课程安排助教等，既帮助教师更好地管理学生，了解学生需求，又能提高学生的学习效率和学习积极性；第三，提高MOOC的数据分析能力，帮助教师掌握教学成效和学生的学习情况；第四，整合教学资源，设计更为精致、个性化的教学内容。

八、推动教学资源共享

高校由于发展水平的不同，其拥有的教学资源也各不相同，一所大学往往独自建立完善的教学资源体系。而MOOC的共享性，帮助我国高校将合理整合课程资源，为学生提供能满足其需求的教学内容、教学方式等。

教学资源指的是支持教学活动的所有资源。资源的作用是为学生提供学习知识的来源，在教学或学习过程中协助学生和教师之间的互动过程。同时，教学资源可以帮助学生学习，增加他们的经验，满足不同的学习需求。对教学资源进行有效使用可以帮助学生为自己建立知识体系，发展不同的学习策略，如价值观、态度和一般技能，为终身学习过程奠定基础。教师使用各种各样的学习和教学资源，包括书籍或其他印刷材料非常重要，从而鼓励学生探索感兴趣的问题，采用不同的学习方式，加强学习，通过扩展学习促进自主学习。

在MOOC的教育资源对高校教学产生巨大影响的情况下，高校必须根据实际情况做出适当的改变。首先，教师可以使用MOOC的高质量教学资源来帮助自己进行教学活动。例如，学生可以在课后观看MOOC。教师则在课堂上与学生进行沟通，为学生答疑，鼓励学生及时发言，对教学内容和形式等进行评价，也就是说，MOOC可以帮助教师进行简单的翻转教学。这不仅提高了教学资源的质量，而且对教师备课环节也有节省时间等促进作用，加强了教师与学生之间的交流和互动。其次，通过组建教学团队，高校可以建设有自己特色的MOOC，可以因地制宜、因时制宜、因材施教，满足教师和学生的需要，便于个性化教学。然而，这种方法需要更多的财政资源，因此可以采用与其他高校合作的方式，它不仅可以解决经费问题，而且有助于高校之间的教学资源共享。

九、加强国际合作开放的双向交流

从起源与发展来看，MOOC为一国深入了解世界的高等教育教学打开了一扇窗户，国际高等教育的交往将变得更为便捷。随着高等教育的国际化、全球化程度不断加深，学生对外可供选择的目标和渠道更加多元与开放，而网络在线教育的向前发展势必会加剧这种趋势。

有资料显示，Coursera、Udacity、edX 三个课程平台上有很高比例的选学学生来自中国，其中既有为学习优质国外课程资源而主动选学的学生，又有按照国外高校硬性要求到MOOC平台进行课程学习的学生，且只有通过 MOOC 课程学习才能获得入学的资格。被称为MOOC 平台"三驾马车"中的 Udacity 和 edX 已在中国"落地"，向中国的学习者提供课程服务；另一个Coursera平台推出常春藤盟校学位，美国宾夕法尼亚大学和哥伦比亚大学也在此平台上设置了纯线上硕士项目。可以看出，MOOC为全球高等教育的同台竞争开辟的网络战场，将进一步加剧高等教育的国际化竞争，线上线下混合式教育的竞争局面正在形成。另外，MOOC平台中的课程自然会带有本国社会制度与价值观的相关内容，这给课程受众的意识形态带来了冲击。

MOOC在中国的实践，取得了具有中国特色的在线开放课程建设与应用成就，丰富了世界MOOC的发展内涵。结合不同国家的实际情况，MOOC会得到各具特色的演绎，因此要把国际合作与交流互鉴作为我国MOOC发展的一项重要内容，避免故步自封。

第七章　基于翻转课堂的高校教学改革

第一节　基于翻转课堂的高校教学改革理论基础

一、翻转课堂的内涵与应用模型

（一）翻转课堂的内涵

1. 内涵

翻转课堂是一种新的教学模式，教师根据教学目标创建视频或文本资源，并提供给学生，让学生利用一定的时间，按照自己的节奏学习，在此基础上提出一系列相关的问题，然后通过师生互动活动，促进学生在学习过程中对问题的解决。它是信息技术背景下教与学的变革。它是利用现代教育技术创造学习环境，促进课堂外自主学习，在课堂内开展问题解决活动的混合式学习模式。翻转课堂利用计算机和网络技术，利用教学视频将知识转移到课堂之外，使学生可以按照自己的节奏学习。在课堂上，教师和学生一起解决问题，从而达到内化知识的目的。

2. 本土化应用的价值

翻转课堂中使用的学习活动有：在面对面会议之前进行的准备活动，课堂时间的高阶学习、主动学习和同伴指导。翻转式学习的总体目标是通过响应式学习环境吸引学生参与，旨在通过互动和反馈循环，让学生做好准备，并激励他们自信地完成评估任务，这些互动和反馈回路策略性地嵌入了教学方法的各个阶段。在翻转课堂中，有一系列吸引人的学习环节，与学习和评估结果密切相关，在每个阶段向学生提供反馈。精心设计的课前活动有助于学生以自定进度的方式学习关键概念，培养他们在课堂上参与同伴主导讨论的信心和动机，从而综合和应用这些关键概念。课后评估活动与课前和面对面的课堂学习体验明显相关，并强调"重要的能力"，使学生的学习具有相关性、真实性和可持续性。

新课程改革推行十年来，在课程目标、功能、内容、教材结构，学习方式及评价体系上进行了创新性尝试，取得了一定的成效。翻转课堂2011年引入国内，对翻转课堂本土化应用的实施实现了新课改以来教育模式的真正革新，使其向更有利于学生自我发展、培养学生创新能力的方向发展。

（二）翻转课堂的应用模型

翻转课堂模式与传统课堂有着本质性的区别，许多学者深入探讨翻转课堂模式的教学实施。其中，最为经典的是翻转课堂实施的结构模型，它是由美国富兰克林学院的一位教授提出的。

祝智庭教授等人指出翻转课堂改变了传统的教学、练习和评分的结构，将主要的教学结构转变为学习、测试和研究。通过作业任务引导学生自学，制作微视频为学生提供学习资料，帮助学生加快学习进度，调节学生学习节奏，同时也引导学生养成独立思考的习惯。自我学习之后，通过练习测试检测学习效果，形成综合评估和实践，用评估来推动学习。在课堂上，教师和学生通过各种交互活动将重难点一一分解，逐个突破，使学生能够在一定时间内快速整理和消化知识，形成自己的认知结构。

翻转课堂是一个双向互动的过程，该模式将翻转课堂分为非教学时间和教学时间。课堂上的任务是引导学生记忆和理解所学的知识。为了良好的课堂效果，教师在上课前准备了有关教学任务的微视频供学生学习，并提出自己的问题让学生进行思考。课堂中教师将新知识作为课前准备内容进行阐述，并为如何应用知识解决问题提供可靠的理论依据。

综上所述，从翻转课堂的内涵及应用模型中可以看出，翻转课堂是一种先学后教、以评促学、以学定教的新的教学模式，改变了传统教学环节，使师生的角色发生了改变，教师不再是课堂的控制者，而是学生学习过程中的帮助者、支持者，课堂活动的组织者、引导者。学生由被动的学习接受者逐渐转向积极的主动学习者，有更多的自主学习时间，同时也有更多的机会去分享自己的想法。

翻转课堂教学模式体现了以学生为主的人本主义教学理念，利用信息技术将教师从繁重的体力劳动中解救出来，实现人机劳动分工。在信息技术的支持下，师生合理利用有效资源，开展以线上+线下、课前+课堂等多种交互模式，使学生完成深度学习。

二、理论基础

（一）掌握学习理论

1. 概述

掌握学习是由美国教育家本杰明·布鲁姆在1976年首次提出的，旨在解决小组教学中的个体差异问题。掌握学习的基本理念是：如果给予足够的时间和适当的指导，几乎所有的学生对所有的学习内容都可以达到掌握的程度。它认为只要有足够的时间，学生的成绩就不是正态分布，绝大多数学生能掌握学习任务，提高学习成绩。因此，掌握学习强调教学要面向所有学生，让那些表现不佳的学生能够进步和提高，但由于学生差异化特征明显，要想达到所有同学都能够掌握学习知识、一起进步提高的目的，那些平常表现欠佳的同学较之其他同学更需要教师提供更多的个性化指导和更充足的学习时间。

2. 翻转课堂视域下掌握学习理论的教育意义

第一，布鲁姆的掌握理论能够帮助所有学生实现其学习目标。掌握学习理论注重满足所有学生的学习需求，对所有学生开放，帮助学生在学习过程中完成预定任务。

第二，以掌握为基础的学习理论关注学生的个体差异。教师在制订学习目标时必须考虑到学生的个体差异。教师需要选择不同的材料，使用不同的教学方法，为不同的学生提供个别指导和支持。同样，掌握学习的理论也有助于学生的心理健康。在掌握学习中，教师对所有学生都有积极的态度，相信所有学生都能成功学习。教师对学生的学习能力有信心，而学生也从教师的期望中获得信心，从而逐渐产生内在的学习动力，提高学习效果。在整个学习过程中，学生获得了学习的兴趣、学习的乐趣、成就感和幸福感，以及更深刻的自我意识。

第三，掌握学习理论还支持学生之间的合作学习及教师和学生之间的交流。掌握性学习加强了师生交流和讨论，增进了师生关系，促进了学生之间互相帮助，培养了合作精神。

（二）建构主义学习理论

1. 概述

建构主义认为，知识不是对现实的纯粹客观反映，而是人们对客观现实的解释、假设和推测。知识不是问题的最终解决方案，而是随着人们对问题的进一步了解而产生的新的解释和假设。知识是建立在特定情况下的，真正的知识是在生活和实践经验的基础上，是在学生的头脑中积极构建的。知识中包含的意义是由个人赋予的。知识在被个人接受之前，对个人没有任何力量。知识不是作为先决条件传达的，也不是被科学家、教师或教科书的权威压制的，而是只有通过学生自己的构建才能接受。因此，知识是发展的、相对的、个人的和有时代背景的。

第一，学生是不断发展的，每个人都有很大的潜力。第二，学生是独特的个体，有自己的思想。第三，学生有独立的人格，每个学生都是独立于教师的，学习是学生的问题，学生是主体性的存在，具有很强的自学能力。第四，当今世界的学生是生活在知识经济和数字时代的人。他们不是信息的被动接受者，而是积极利用现有的知识和经验来创造新的知识和信息。换句话说，发生了主动学习，学生主动选择和处理来自外部的信息。因此，教育应该是以学生为中心的。

建设性学习是基于这样的假设，即学习是一个学生构建自己的知识的过程，而不是简单地传授给他们。学生不只是被动地获取知识，而是在教师的指导和支持下主动地构建知识。这种建设不能由他人完成，必须由学生自己完成。学习过程有两个方面：知识意义的构建和原始经验的重建。根据皮亚杰的观点，儿童发展是一个儿童自己构建知识意义的过程。建构主义者更强调学生原有的认知结构，认为学习是通过重新思考基于先前知识和经验的知识结构，并将其与新获得的材料相结合，主动建构自己的独特理解。事实上，知识的获得不是通过别人的"教",而是通过学生个人加深对知识的理解,构建自己独特的理解。

建构主义学习理论主张以教师为主导,以学生为中心的学习。建构主义学习环境包括四个主要元素:环境、协作、对话和意义创造。环境应该使学生能够从他们所学的内容中建构意义。协作存在于所有的学习活动中,包括教师和学生之间的合作和相互支持。对话是学习的基本形式,学生和教师之间的合作包括通过交流和讨论来相互沟通思想。通过学习所要达到的最终目标是意义的建构。教师应向学生提供成功解决问题的原型,他们还应该指导学生的探究尝试。教师需要为学生提供建构意义所需的相关材料,同时也要为学生提供足够的空间来建构他们自己的意义。在备课中,建构主义者认为学生要完成整体的学习任务,则必须完成一系列的子任务。

2. 翻转课堂视域下建构主义学习理论的教育意义

第一,强调一致的教育理念,即强调学生的主动性和建构精神。建构主义者提倡一些创新的教育理念,包括强调学生在学习过程中的主动性和建构精神,其基础是维果斯基认知信息处理学说、皮亚杰和布鲁纳的思想。

第二,它强调了情境化学习和小组合作学习的重要性。建构主义区分了初级学习和高级学习,批评了将初级学习的教学方法机械地强加给高级学习的传统教学方法,提出了合作学习和情境化教学方法,对推动当前的教育和教育改革产生了重要影响。

第三,建构主义强调技术在教与学中的实践应用。在建构主义学习环境中,多媒体计算机和网络通信技术可以作为理想的认知工具,有效促进学生的认知发展。随着多媒体计算机和网络化学习应用的迅速发展,建构主义学习理论的可行性逐渐被证明,并在世界范围内获得影响。

(三)混合式学习理论

1. 概述

学界对于混合式学习(blended learning)的定义并没有达成共识。辛格和利德针对混合式学习提出了一个经典的定义:混合式学习的重点是应用"合适的"教学技术来匹配"合适的"个人学习风格,以"合适的"技能在"合适的"时间传递给"合适的"人。这个定义揭示了混合式学习的核心，即结合内容、方法、环境和评估等维度来优化教学效果，从而提供整合多种要素的优势。这个定义阐明了混合式学习的核心，即混合内容、方法、环境和评估维度，以优化教学效果，从而提供整合多种要素的优势。

2. 翻转课堂视域下混合式学习理论的教育意义

翻转课堂可以充分发挥混合式学习的优势，实现信息技术与教学方法的深度融合。

第一，在教学理念和教学方法上，翻转课堂体现了一系列综合的教学理论和方法。翻转课堂体现了两种学习观，即"习得观"和"参与观"；两种教学性质观，即"教学认识论"和"教学互动论"；两种教学方法，即"讲授法"和"探究法"。与传统上执着于某一种教学理念和方法的优劣相比，翻转课堂作为一种混合式学习方法，能够结合多种教学理念和方法的优势，在理论上是合理的，在实践上是可行的。

第二，从教育目标来看，翻转课堂前的视频学习侧重于内容学习，旨在帮助学生理解和记忆相关知识，而课堂问题解决和合作探究则侧重于技能发展，旨在帮助学生发展更高级的认知技能或实现情感或心理运动领域的教育目标。因此，翻转课堂教学是内容学习和技能发展的有机结合。

第三，关于学习空间，翻转课堂的课前视频学习是学生在线学习的一种形式，而课上的课程主要是在传统的线下教室进行。因此，翻转课堂是一种线上和线下学习的混合体。翻转课堂的视频学习主要在教室外进行，而课内协作主要在教室内进行。有些翻转课堂不一定在教室里进行，而是在其他背景下进行，这取决于课堂的需要。例如，在医学专业的翻转课堂中，线下部分可能直接在医院进行，而在其他课程，也有可能在博物馆中进行。因此，翻转课堂教学不一定局限于课堂，而是根据课堂的需要，将课堂内和课堂外的场地混合起来。

（四）人本主义学习理论

1. 概述

人本主义学习理论是由美国心理学家马斯洛、罗杰斯在19世纪五六十年代提出和倡导的。教师在课堂上的关注点从教师的"教"转移到学生的"学"，把学生的思想、情感和行为作为主要的教学对象。教师的作用是为学生提供各种学习资源，营造有利于学习的氛围，创造一个开放、真诚、平等的课堂环境，培养学生的潜能，让他们自由学习。教师在教学过程中充当学生学习的引导者和促进者。教师应将教学重点从学科知识转移到学生身上，将学生的自信心、自我意识、价值观的澄清和创造力作为教学目标。

2. 翻转课堂视域下混合式学习理论的教育意义

翻转课堂提倡教师和学生之间的积极互动和交流，这源于人本主义学习理论。这使得我们更容易倾听学生的声音和理解教师的意图。在翻转课堂中改变教学顺序，让学生在课前准备自己的学习活动，在课堂上自由发言，与教师与同学进行合作，形成开放的学习氛围。在这种学习氛围中，学生的学习潜能更容易被激发出来，达到人本主义学习理论所倡导的自我实现的目标。通过使用互联网学习平台，翻转课堂教学迎合了学生的不同能力和学习水平，为每个学生提供有针对性的个性化指导，并允许学生按照自己的节奏自由学习。

第二节 基于翻转课堂的高校教学改革的可行性及必要性

一、基于翻转课堂的高校教学改革的可行性

（一）高校课堂教学的特点分析

高等教育有其自身的特殊性，它不再像中小学教育那样注重持续、快速和长期的学习，不再强调基本知识和技能的掌握，而是在课堂教学知识的基础上走向专业化、创新和深入的学习；它应该与科学研究挂钩，以提高学生的综合素质为目标。现代高等教育更丰富、更民主、更包容、更开放。学习目标是人文的、多元的和参与性的，学习内容是模块化的、多媒体的和量化的，注重"真实""准确"和"深度"，学习过程是开放的、生成的。翻转课堂模式的特点和优势正是当今高等教育教学所需要的。翻转课堂将网络和视频学习引入学生的日常学习过程中，使教学方法更加灵活，课堂不再受教授讲课的限制，可以开展更丰富的学习活动，更加强调学生的自主探索和协作，更有效地培养

学生的思维能力。

（二）高校学生的特点分析

1. 大学生的思维能力和自主学习的水平更符合翻转课堂的要求

大学生迅速发展的思维能力，呈现出独立性与深刻性的特点。他们不再依赖教师和其他权威人士的意见，而是能够进行批判性的、辩证的和理性的思考。与传统教学相比，翻转课堂模式重新分配了课堂时间，允许学生提出问题和探索，从而使教学更好地适应大学生的思维方式。

使用翻转课堂的一个重要前提是，学生拥有一定的独立学习和自我指导能力，能够对学习时间、学习资源、学习环境等做出适当的安排和规划。他们能够在课前不间断地进行预备性视频培训，及时发现问题并协调所有参与者的资源来解决问题。高校学生的认知能力和自我管理能力在经过中小学教育后日益发展，尤其是高校学生具有较高的元认知能力，如自我监控、自我调节和自尊，有助于在高等教育中引入翻转课堂。

2. 翻转课堂教学模式更加符合大学生的生活习惯

与中小学阶段相比，大学期间对于学生在控制和管理学习时间方面的要求会更高。迈入大学，学生的生活不再局限于学习，他们会加入兴趣小组、自己创业、工作、参与社会活动、获得第二学位等。这些活动要求学生理智地管理自己的时间，以应对学习和生活。翻转课堂的方法为学生提供了自由灵活的学习时间和空间，使他们能够有意义地计划自己的学习和自由时间。其次，通过互联网、手机和电脑进行在线学习，更符合在线学生的习惯。翻转课堂学习利用了学生经常使用互联网、电脑和手机这一事实，使学习更加方便和自由。

此外，学生精通信息技术，学习能力强，能迅速适应新事物，这些都是在大学教学中引入翻转课堂的良好先决条件。

（三）高校教师的特点分析

1. 翻转课堂并不会增加教师的工作量

传统教学模式和翻转课堂模式共同的教学环节是备课和课堂教学，两者的工作量相当。相较于传统教学模式，翻转课堂增加了教师检查学生学习信息和准备第二课堂的工作量，但减少了修改作业的工作量，两者大致相同。一些教师认为翻转课堂增加了他们的工作量，主要有三个原因。

第一，初期一些教师对网络教学模式和教学平台的使用并不熟练，出现短时间的不适应是正常的。第二，录制微课和准备教学材料对教师来说是很耗时的。如果所有的微课都由教师记录，这对教师来说可能是一个很大的负担。解决这个问题的最好办法是为教师提供大量的微课和基于教材的恰当的教学材料。第三，有些工作在短期内似乎增加了工作量，但从长期来看减少了工作量。做好翻转课堂的重要工作之一是找到好的资源和好的教学设计，教师在讲授新课前应再次准备。每节课的资源和设计都可以上传到平台并长期保存。这样一来，教师就可以在第二轮同一堂课上重复使用这些资源和设计，大大减轻了教师的工作量。在一些学校，如果新课是分批准备的，或者同一学科的每位教师在第一轮上课时与其他教师分享新课，也可以减少教师的工作负担。

2. 翻转课堂中能够用较短的时间更好地进行二次备课

翻转课堂教学模式中的二次备课是基于学生的课前自学成果，即教师根据学生的自学成果和课堂上遇到的问题，设计课时目标、课时内容、课时活动和课件，使其更贴近学生的实际学习情况，从而优化教学效果。在教学实践中，教师可以采用以下两种方法。

（1）利用教学平台的统计分析功能

信息化教学平台的统计分析功能可以使备课更加有效、精确和快速。在平台帮助下，教师可以快速获取数据，准确分析出学生在自主学习中遇到困难的知识点、共性问题和个性问题。依据这些数据，教师可以更好地了解学生的学习情况，进行二次备课。

在传统的课堂上，教师会花很多时间来收集这些数据，想要了解学生每天的学习情况是不可能的，而有了信息化教学平台就很容易了。为了使备课更容易、更快捷，教师不仅可以使用电脑，还可以使用移动设备、平板和手机来收集这些数据。这意味着，教师可以随时随地检查学生的学习情况，收集学生的自学问题，并进行二次备课。

(2) 提前备课

教师可以提前备课，并在二次备课阶段做出适当调整。教师需要在准备阶段进行备课，因为他们知道从学生独立学习结束到开始上课的时间很短。根据我们的实际教学经验，教师设计课程的整体框架，并在学习过程结束后对预定的课程进行调整和扩展。教师在课前对学生的进展进行反馈，并将学生的一般和具体问题直接纳入课程，这不仅使课程更快、更有效，而且更有针对性。

（四）高校校园环境的特点分析

翻转课堂可以利用大学校园的民主、自由和开放的学术氛围。图书馆、自习室等地的良好学习环境使学生能够以自我指导的方式学习，如在课前观看学习视频进行自主学习。学生可以就学术问题与教师自由交流，在校园的网络平台、社交媒体或课堂上讨论自己的知识，这也是翻转课堂中实现师生互动的好方法。一个开放和多样化的大学校园是实施翻转课堂的文化环境基础。

同时，互联网和计算机的普及不仅为大学校园实施翻转课堂提供了知识和文化基础，也为翻转课堂的实施提供了技术基础。在信息时代，大多数学生有电脑和智能手机，而且他们也可以使用校园里的电子阅读器，观看教育视频和在线学习。

教学视频是翻转课程的一个重要组成部分。当前，视频学习还没有发展成一个完整的体系，但在中国，近年来MOOC、国家精品课程和在线开放课程已经成熟，网络学习工具有多渠道、共享性、免费性和国际性。这些电子学习工具提供了丰富的学习方法，有助于在大学中实施翻转课堂。教师可以使用这些广泛的网络资源，获得大量的高质量教学视频。因此，教师不仅可以依靠自己的录制，还可以利用网络上的优秀学习视频资源进行适当补充，让不同地方的学生都能看到名校、名师的优秀学习视频资源，提升教育资源的公平性。

二、高校教学进行翻转课堂改革的必要性分析

（一）集体学习与个性化学习的矛盾

传统教学方法的最大优点是传授知识的效率高。学生在课堂上集中学习，以便在有限的时间内有效地掌握系统的科学知识。然而，集体学习的高效

率也意味着个别学生被忽视了,不能因材施教。

在传统的课堂上,教师要面对几十个学生,每个人都是一个独特的个体,有不同的智力水平、个性特征、喜好、学习方式和学习水平。然而,教师只能以相同的速度、相同的内容和相同的方式教授所有学生,而无法照顾到个体差异。学生学什么、怎么学、什么时候学、学多少、在哪里学都有明确的规范。这意味着,课程只为一些学生量身定做,而其他学生则会感到不堪重负。例如,有些学生擅长逻辑思考,有些学生擅长动手操作;有些学生数学学得快,有些学生语文能力强;有些学生喜欢听,有些学生喜欢读;有些学生很快就掌握了,觉得教师太啰唆,有些学生跟不上老师的节奏,觉得教师讲得太快。长此以往,造成有的学生"吃不饱",有的学生"消化不了"的局面,教学质量无法保证。

(二)知识学习与能力发展的矛盾

传统教学是在有限的时间内将大量的学科知识系统地传授给学生,在这种模式下,传授知识的效率虽然很高,这也是其合理性和合法性存在的基础,但它的局限性也不应该被忽略。在传授知识方面,传统的教学方法也可以得到改进。丛立新教授针对讲授法的局限性,提出了以下几点内容:第一,针对教师来讲,讲授法对教师传授知识的教学水平提出了更高、更全面的要求;第二,对于学生来讲,讲授法对其学习取向及学习动机也提出了更高、更严格的要求;第三,受学生语言和思维发展水平的限制,讲授法很难在有效的时间内发挥出令人满意的效果;第四,即使是最好的讲授也难以满足有效进行认知活动的需要,特别是实践或物质活动的需要。要想达到良好的实践或物质活动的实践效果,除了运用讲授法,还需要利用其他教学方法来进行辅助教学,如翻转课堂教学模式等,多种模式相互配合,共同教学,这样才能更加有效地发挥出讲授法高效率的知识传授,学生也能在一定时间内快速地接收到知识,并能在今后的生活和工作当中合理、有效、正确地运用这些知识来解决麻烦或者困扰我们的问题。

在讲授过程中,教师常常不能以幽默风趣的讲述方式来调动学生的积极性,误判他们的知识水平或掌握程度。首先,讲授法往往沉闷枯燥,不能引起学生的兴趣和注意，导致学生的认知主动性相对较低，从而成为一种灌输式教学。可以想象，在一个昏昏欲睡的课堂上，如果学生对教师讲的内容不感兴趣，无论教师讲得多么好，多么投入，都没有办法调动学生的原有知识与新知识进行整合和联系，也没有办法改变学生的长期记忆，学习就不会发生。其次，教师在运用说教的方法时，往往忽略了学生原有的知识水平或掌握程度。如果学生在听课时没有相关的先前知识，即使他们有很强的学习动机，也无法理解新知识，也就没有建立知识的基础。如果在没有充分认知准备的情况下向学生传授知识，他们就会简单地记忆新知识，而不是理解和思考它。讲授法往往是无效的，因为教师错误地认为学生有相关的先前知识。因此，教师在运用讲授法时需要考虑学生原先掌握的知识水平和思维发展水平，以解决这些限制。如果学生有相关的先前知识，教师需要激活这些先前知识，激励学生，帮助他们整合新旧知识，使讲课成为他们有意义的学习经历。如果学生没有相关的先验知识，教师必须先帮助他们建立必要的先前知识，以便为讲课创造合适的时机。

除了说教知识的局限性，传统教学方法的最大局限性在于对学生技能的培养。在耶鲁大学担任校长职位长达20年之久的Richard Levin在《大学的工作》中强调，真正的教育并不是传授知识或技能，而是培养学生具备批判性思维和独立思考的能力，为终身学习奠定基础。在当今的信息社会中，知识的数量正以几何级数增长，知识更新的速度也大大加快，仅仅传授知识已不足以满足社会对人才的需求，教育必须培养学生应对未知未来的能力。

一个高素质的人才除了必须掌握的相关知识，同时还需要充分发展其在各方面的能力。目前，在全球学习领域讨论的关键能力，如公民责任和社会参与、批判性思维、学会学习和终身学习、自我意识和自我调节、创造力和解决问题、沟通和协作，都反映了学生为适应社会发展的要求而必须具备的性格特征和关键能力。学生是否具备必要的能力、性格态度和总体素质的问题是他们未来发展的关键。

应该认识到，基于知识传递的传统教学方法在培养学生必要的性格特征和关键能力方面具有局限性。比如，为培养学生的沟通和合作能力，教师会在课堂上讲授并传递一些沟通技巧和团队合作的方法等知识，但这并不意味着学生能够真正在与他人的沟通和合作中运用这些技巧和方法，也不意味着他们能够充分认识到沟通和合作对社会及个人发展的重要性，即使他们记住并理解这些技巧和方法。再比如，如果要让学生认识到污染对人类的危害性，给学生讲授再多有关污染的知识和污染危害的例子，可能还不如让他们进行实地考察、亲身感受污染的危害性效果更好。

（三）被动学习与主动学习的矛盾

目前，中国某些大学课堂中的"乱象"是大学生被动学习的反映。除了学生自身的问题，教师的传统教学方法也是造成学生被动和积极性不高的重要原因之一。以知识传授为主要特征的传统教学方法，对教师的教学水平和学生的学习积极性提出了严格的要求，通过不恰当的运用，往往成为一种片面的传授灌输，压抑了学生学习的积极性、主动性和创造性。王策三先生指出，虽然传统的教学方法不一定会导致灌输式教学和被动学习，但更容易出现这些问题。

社会心理学的自我决定理论很好地解释了为什么传统的教学方法会导致学生的被动学习。自我决定理论指出，人们有三种基本的认知需求：胜任、自主和关系。学习环境是否满足个体基本的认知需求决定了个体具有什么样的学习动机。个体在某个社会情境中的行为如果让他感到胜任力，而且这种行为是自主决定的，那么这种行为的内在动机就会得到提高。尤其是如果个体在该社会情境中还能够感知到安全感和关联性，那么这种内在动机则会显著提高。就学校教育而言，为了提高学生的内在学习动机，他们需要掌握能够帮助在某个社会情境中获得成功的知识、技能和行为来感知自身的胜任力，需要感知到控制力和独立性，需要在特定情境中感知到归属于或与某个社会组织存在关系。

在传统教学中，课堂主要是教师传授知识的地方，学生的主要任务是安静地听教师讲课，努力理解教师所教授的知识并做好相关笔记，很少甚至是没有机会来展示自己的能力。课程的内容、进度和评估全部是由教师一个人决定，学生的自主性在很大程度上被忽略了。此外，在传统教学中，信息主要是单向传递的，学生与教师之间、同学之间的交流有限，这不利于学生的归属感和相关性。简而言之，学生的三个基本认知需求——胜任、自主和关系，在传统课堂上没有得到充分的满足。根据自我决定理论，学生的学习动机往往是外部的，学习往往是被动的。

（四）教师中心与学生中心的矛盾

传统的教学方法强调系统知识的传授，这就不可避免地强调了教师的主导作用，即从学科知识和教师的角度来设计、讲授和评价课程，因此常被称为"以教师为中心""以书本为中心""以课堂为中心"的教学体系。王策三先生指出，教师在教学中的领导作用是一种客观需要，势在必行。教师对教学的方向、内容、方法、结果和质量负有主要责任，因为教师已经"闻道"在先，并且接受了专门的教学培训。教师已经掌握了教学方向、内容、方法等，教师可以作为一个集中外部环境和教育对学生提出的要求和提供的条件的"聚光灯"，从而发挥影响。教学是教师"教"和学生"学"的统一活动，学习是在教学指导下的学习，也就是说，教师必须在教学中发挥主导作用，否则教学就成了自学。但是我们应该也可以看到，教是为了学，学是教师领导作用的基础，不能因为强调教师的领导作用而忽视了学生最重要的位置和中心地位。但传统的教学方式往往片面地强调教师的领导作用，而忽略了学生在学科中的地位。

第三节　基于翻转课堂的高校教学改革探索

一、教学理念改革探索

（一）变"学生被动学习"为"学生对自己学习负责"

学生是学习过程中的主体，而当学生学会对自己的学习负责时，他们才可以称得上真正参与学习过程。翻转课堂的"先教学后学习"的模式允许学生提前了解学习任务和目标，并发现问题。通过让学生提前收集和分析信息，独立或合作解决问题，确定自己的学习进度，改变功利主义和被动学习的现状，让学生在课堂上发挥积极的作用，逐步培养他们的独立性和责任感，让每个学生都能成为一名对自己学习负责的管理者。

（二）变学生"同质化"发展为"个性化"发展

班级授课制依旧是我国高校主要的组织形式之一。而高校学生众多，往往会采用大班授课的方式，这从积极的意义上讲，可以节省教学资源，提升教学效率，但是也有消极的一面，即很难用连贯的学习节奏来适应学生的个体差异，导致教学反馈被延迟，教师和学生之间失去了沟通。这种教学方式无法发掘学生的个性和潜力。大学学习的翻转课堂模式创造了一个个性化的学习环境，每个学生都可以根据自己的特点进行调整。在独立学习的课前阶段，学生可以控制自己的学习节奏。每个学生可以根据自己的理解和掌握程度，跳过、选择或重新观看视频内容。学生可以通过在线学习平台或在课堂上向教师或同学寻求帮助，以获得及时反馈，提高教学的针对性。课堂展示和互动让学生有机会展示和表达自己的个性，鼓励他们在学习过程中积极思考，发展自己的独特性。学生被授权在学习过程的每个阶段都做出自己的选择，选择适合自己学习风格、能力和兴趣的学习工具和策略，从而享受个性化和多样化的学习。

（三）变课堂教学目标的知识本位为综合素质本位

传统高校教育看重知识的传授，即知识本位，对于学生的知识水平和技能掌握程度的关注较多，如记忆、简单应用和肤浅理解，却在一定程度上忽视了学生综合素质的培养。翻转课堂教学模式要求教师在计划课堂活动和设置课前课后学习任务时，要把学生的综合素质发展作为"指挥棒"来考虑。教师在教授知识和技能时，应注意学生综合素质、核心素养的提升，即不仅要关注知识，还要关注学生的学习方法、审美水平等的提升。在课堂教学开始前，增加让学生预习的环节，有利于学生及时发现和解决问题。在课堂上，教师组织各种学习活动，通过小组作业和家庭作业，促进学生的实践能力，如团队合作、沟通和表达、独立的信息搜索等。在课堂之外，通过复习等学习活动，让学生通过自主学习，提高自己的思维水平、实践能力、创造能力等，进而提升其综合素质。

（四）变学生独自学习为师生、生生合作学习

长久以来，传统教育中的学生往往被教师看作个体，教师通常把学习任

务分配给个人，很少以团队形式完成学习活动或任务，忽略了人际关系在教育中的作用。在翻转课堂学习模式中，学习任务是通过教师和学生之间的互动和合作来解决的。在线学习平台允许学生和教师进行互动、回答问题和交流思想。教师和学生之间的整合、合作和分工，对于学生课前的独立学习、课上对学生的个别关注，以及学生小组的任务和活动的组织都是必要的。教师和学生之间的及时沟通和信息交流创造了一个积极的互动环境，使学生能够解决问题，获得新知识并成功完成学习任务。学生不再是知识海洋中的"孤独旅行者"，他们不仅学会了如何学习，还学会了如何在基于团队的学习中与他人合作、承担责任、沟通和协调，包括合作讨论、同侪合作和基于项目的学习。学习对于学生来说，不再是其个人的任务，而成为团队活动，这个团队可以为了实现同一目标而不断努力。

（五）变重视"教"的策略为关注"学"的策略

传统教学方法中，教师过于注重课堂"教"的形式，而忽视了其与学生"学"的形式的关联性，结果是一些学习活动流于形式，学生的学习依然浅薄，课堂学习效果不佳。这导致了形式化教学、肤浅的学习和无效的学习等问题。翻转课堂模式将重点从教师的"教"转移到学生的"学"，使学生能够有效和深入地学习。学生有机会在课前独立学习，获得新知识，并监督自己的进展，以确保自己理解，提高学习效率，独立学习。在课堂上，教师鼓励学生通过各种学习活动，如讨论、提问和展示学习成果来学习、获取和应用知识，以帮助学生了解他们的知识和差距。在课堂上，教师和学生可以利用学习平台讨论学习问题，并对如何学习进行指导。在翻转课堂模式中，学生在学习过程中接受教师或同学的指导。

（六）变灌输教学为体验教学

翻转课堂模式积极推动教师教学方式的转变，与灌输式教学不同，体验式学习的实施依托于整体课程设计，而实施载体就是课堂，在课堂上，教师可以帮助学生获得多样化、多元化的知识，完善自身的知识体系，提升知识水平，同时可以通过丰富的学习活动形式提升体验感。高校教师通过为学生构建基于现实的知识体系，可以使得学生获得直接经验学习，获得和应用经验知识。在这种类型的课堂上，教师成为学生的助手，指导学生的学习过程。真实的情感体验通过创设与实际工作中会遇到的现实问题相似的情景获得，通过这种形式，学生的体验感增强，并可以据此体验问题情境，在合作中完成情境中的任务，积极参与解决问题，独立探索和展示结果。这些经验激励着学生参与课堂，有效地发展他们的实践水平和创造能力。

（七）变信息化技术教学手段单一应用为创新应用

在传统教学模式下，教师的课堂形式往往是使用板书和基于课本的知识讲解，多媒体有所使用，但是只是局限于简单的文字演示功能，信息技术并不完善。翻转课堂模式挑战教师接受基于信息的学习理念，允许他们在教学的各个方面使用现有的信息技术。例如：在课前预习阶段，教师可以利用多媒体平台，创建班级课堂，在平台上有丰富且全面的多样化学习资源，可供学生提前知晓课程内容，并进行预习；多媒体平台还可供学生进行讨论，学生与学生之间进行沟通、互助学习，在合作中完成课前自学环节。开始上课后，多媒体手段不再仅仅是PPT阅读器，而是可以用来在学习活动中显示研究、讲座、讨论和其他丰富的媒体。在课堂之外，教师可以使用手机、电脑和其他移动设备，在电子学习平台上随时随地与学生进行面对面的交流。优秀的慕课学习视频、网上公开课等在线学习工具已成为教师学习材料的重要来源，如课前自学学习视频。通过大学的逆向学习，可以充分发挥计算机学习材料的教学功能。

二、教学活动程序改革探索

（一）变课堂前放任学习阶段为系统自主学习阶段

教师从根据课程目标和教科书进行简单备课，发展为进行成体系的一系列备课活动，如选择课程视频、在线教学、安排课程活动、建立平台和分配自学任务。学生已经从学前学习不足或疏忽转变为系统的学习。这种转变为学生在课前独立学习奠定了基础，创设了尊重每个学生个性和独立性的学习环境。

首先，教师在备课时不应脱离学生的需要，仅仅依靠自己的经验选择备课内容。教师可以通过与学生的课前沟通和测试，了解学生在学习过程中遇到的种种问题，对学生的特点进行有效分析，针对学生在实际学习过程中的常见问题设计学习活动，提高教学效果。其次，与传统的按教科书章节顺序授课的教师有所差异，翻转课堂的教师在课前重新安排教科书中的知识点，以帮助学生创建新的知识体系，帮助教师深入理解教科书。与传统课前缺乏对学生学习的指导和规划相比，翻转课堂模式允许教师在课前将学习任务放置在学习平台上，以充分反映教师的指导，学生也可以理解学习内容和学习目标。在线学习测试帮助教师监控学生并了解他们的学习情况。最后，学生从被动学习转向主动学习。学生在课堂上控制自己的学习，这提高了他们对学习的归属感。学习成为学生作为学习团队的一部分的责任，鼓励他们在课前做好准备，如在课前独立研究、收集和整理相关的学习材料。

（二）变课堂中被动、单调听课阶段为答疑、探究、内化、应用阶段

与传统课堂单调的教学不同，翻转课堂利用信息技术，通过视频和一对一教学平台重新分配教学时间，使课堂教学方法和策略不再单一，有足够的时间用于不同的课程内容、学生特点和其他教学方法和策略，如讲课形式、合作学习、个人学习等教学方法和策略，教学模式和学习模式相结合。在翻转课堂中，教师不再是始终与学生保持距离的"传道者"，而是可以从讲台上下来与学生交谈的导师，帮助和激励他们，给他们提供解决问题的多方位方法。学生在课堂上不再"沉默"，而是有机会发表自己的意见并被听到。学生不再是独立的个体，相互之间很少或没有交流，而是一个扁平的学习组织，相互帮助、共同解决学习问题。课堂成为一个平台，学生可以在这里展示，解决问题，合作和应用他们的知识。

（三）变课堂后盲从学习阶段为自主复习、检测、反思、深化阶段

翻转教学形式改变了传统形式下盲目服从、课后缺乏计划的无效学习模式。学生可以在课后根据教师在课上的诊断性测验和形成性评估找出自己的知识差距，并通过反复观看教学视频和练习来复习知识，弥补差距，加深知识。在学习平台的"知识发展"部分，为有学习能力的学生提供了扩展和提高知识的机会。与传统教学模式相比，高等教育中的翻转教学模式更注重对过程和学习的评估，评估主题也更加多样化。学生不再盲目地为学期末的纸笔考试复习、背诵考题，忽视知识结构的完整性，而是更加注重学习过程中的表现，全

面掌握知识体系，逐步提高学习能力。

三、教学策略的改革探索

（一）兼顾学生差异的原则

翻转课堂模式的目的是对传统的教学方式进行变革，关注每一个学生，考虑到每个学生的特点和不同能力的学生的发展潜力。一方面，学生有权利选择自己的学习进度。翻转课堂模式使学生能够按照自己的节奏学习，从而提升自己的知识水平。另一方面，学生对于学习内容和学习手段、学习进程有一定的自主选择权，并非全部学生都适合多媒体学习手段，有些学生使用传统课堂教学方式或线下讲座的学习效率更高。每个学生都有不同的认知能力和学习风格，教师可以有针对性地为学生提供不同类型的学习材料，如视频和文本，并准备不同类型的课堂活动。

（二）小组合作的原则

翻转课堂模式通过引入小组合作的教学策略，改变高等教育中学生独立学习而不相互协作的问题。翻转课堂从根本上来说重视合作，是一种基于协作的学习。在小组中，学生以完成学习任务为目标，努力掌握所学知识，提高各方面的技能。小组形式的学习社区是实施翻转课堂学习的一个重要方法。

第一，小组的创设是为了创建一个学习社区。在自主学习中，学生可以找到有类似观点和想法或类似兴趣和爱好的"志同道合者"，在课前的学习平台上交流信息和互动。小组不应过大，通常不超过6名学员。小组成员也不是固定不变的，可以根据学习任务不断进行调整。第二，通常小组学习的方式主要有两种，一是通过合作学习，以完成共同任务为目标，所有小组成员分工合作；二是互相帮助、互相学习，小组作为一个团体，负责帮助其他团体成员了解和学习团体所学的内容。第三，形成学习共同体。学习社区是将不同学生的想法和观点汇集在一起并展示的地方。因为一个小组有很多活动，有很多不同的观点，所以教师应该充分发挥协调、引导作用，帮助学习小组解决问题。学习社区可以通过社交网络软件，如QQ或微信来形成。教师可以利用这些社交网络来跟踪每个学习小组的学习活动，并在课堂内外为学生提供帮助及支持。

(三) 多元化教学活动设计的原则

基于教学流程的优化及班级结构的调整，教师有了更多的时间在课堂上授课，并开展广泛的教学活动，根据不同的教学内容，在课堂上灵活运用项目学习、问题学习、案例学习等教学策略，使教学更加灵活、开放和多元。

第一，基于项目的学习是一种教学策略。在基于项目的学习中，创建一个项目来学习特定的概念和原则，并将其出售给客户。它是一种教学策略，在现实生活中调动各种资源，进行商业互动，解决一系列相互关联的问题，包括项目选择、项目设计、活动发现、项目生产、项目产出、产出共享和活动评估。教师应根据课程的内容来制订教学计划。在课前预习时，学生可以在自主学习平台上了解项目的基本情况，而在课堂上，学生可以通过合作学习及自主探索完成部分内容，并可通过教师指导和支持练习后三部分。

第二，基于问题的教学策略。翻转课堂下的教学与传统教学一个比较大的区别就是，翻转课堂中的学生是基于问题在学习的。教师通过为学生建立基于现实的问题情境，让学生可以自行探索这些问题，并通过小组合作或自行解决这些问题。基于问题的教学策略的重点是培养学生的能力，不仅包括解决问题的能力，还包括思维能力等。这一教学策略是建立在情境构建、问题探索、问题界定、整合分析、提出解决方案上的，进而引导学生在教师的指导下解决问题。其中，前两个环节由学生在课前通过学习平台和小组合作完成，而后三个环节则在教师的指导下在课堂上完成。

第三，基于案例的教学策略。这里所说的案例是来源于实际生活的案例。在该模式下，学生的积极性、参与性得到了最大限度的发挥，学生可以基于真实案例开展对问题的探索及讨论，积极思考和学习分析，这有助于学生在理论和实践之间建立联系。在案例教学的过程中，教师可以在课前准备一个经典案例，设定案例的主题，引导学生对案例进行分析和反思，并通过个人和小组讨论澄清案例的主题。在课上，教师组织学生讨论案例，引导学生进行反思，明晰讨论的主题与目的，明确案例的主要内容。课后，教师和学生一起总结和反思他们所学的知识。前期和后期课程可由学生独立或以小组形式在学习平台上完成，而课堂课程则由教师和学生在课堂上完成。

（四）创新应用教学信息技术的原则

翻转课堂模式下，高校可以应用信息技术进行教学改革，并且创新应用方法，具体来说，可以从以下两个方面进行教学方法的丰富。

第一，在教学中使用信息技术，丰富学习材料。在基于"翻转课堂"的大学教学中，利用计算机网络教学平台，为学生提供全面的教学视频、文字材料等形式的教学材料。特别是对于教学视频，教师除了自己录制，还可以借鉴优秀的在线MOOC教学视频、在线公共课程和国家课程的优质资源。在使用教学视频时，应考虑以下方面。首先，教学视频的选择应基于相关性、可学习性、易听性和可理解性的原则。其次，在录制视频时应考虑以下几点：视频时间要控制在合理的范围内，视频内容应与所述主题密切相关，最好一个视频只说明一个主题；在视频录制时，教师的教学语言要生动、幽默，能够吸引学生的听课兴趣；在视频组织上，可以通过多样化的形式对视频进行丰富，如可以在视频中插入与主题紧密关联的图片或音频，帮助学生更好地理解主题；在视频使用方式上，可以直接使用，也可以将视频按照不同的节点编辑成段落来使用，要注意的是应与课程内容相关，并能清晰简洁地解释信息的主要内容。最后，在选择视频时，应注意图像和声音的清晰度，以保证学生在观看视频时的图像质量和声音流畅。

第二，在课堂上使用信息技术，改进学生的学习方式。高等教育中的翻转课堂模式旨在改变传统教学的时间和空间，为学生创造一个持续的学习环境。通过使用学习平台和其他信息技术，为学生提供学习的连续性、可及性、即时性的学习氛围。使用移动设备，如手机等，让学生能够更加方便地进行学习安排，将学生的自由时间利用起来，让他们随时随地进行学习，帮助学生提高校外学习的效率。将学习材料储存在学习平台上，使学生在想查看或复习时能找到他们需要的信息内容。

（五）灵活"翻转"的原则

翻转课堂模式下，课堂教学模式的最大特点就是灵活变化。需要明确的一点是，并非所有课程内容都适合进行翻转，该模式并不是一个"放之四海而皆准"的模式。具体运用时需注意以下两个方面。

第一，根据学科的性质来设计"翻转"。从以往教学经验来看，翻转教学源自科学教学理念，而且大部分翻转教学是用在科学和技术这些实践性较强的学科上，在人文学科上使用得较少。这与翻转课堂的教学结构紧密相关，那些对实践性要求较高的知识，学生可以通过提前学习理论知识，然后解决问题，课堂时间学生主要进行讨论；而那些通识性、入门类、描述性的知识，师生之间面对面的教学更合适。然而，这并没有改变艺术课不能"撤消"的事实。在某些情况下，综合讨论和练习可以颠倒过来，以激励学生采取主动，从而提高课堂参与度。这就要求教师灵活运用教学方法，创造不同的教学形式——以翻转为基础的讲授为辅，或以翻转为辅的讲授为辅。

第二，根据学习目标进行"翻转"。这种翻转是有选择性的，同一课程内容中，有些部分可以被翻转，有些部分不能被翻转，而教师在进行课程设计时，可以根据学习目标分类法对其进行分类，对于学习目标是记忆和理解的内容，教师可设置"翻转"，让学生自学；对于学习目标是针对难点的探讨和分析，可采用传统讲授方式；而更高级的教学目标，如创造、应用等，教师可以采用"翻转课堂"模式，让学生在课前通过自学学习基本的、表面的学习目标，然后在课堂上实现更高级的学习目标，巩固其他目标。对于不适合"翻转"的内容，可以通过学习资料、教学视频和课堂上的讲座来进行教学。

参考文献

[1] 高健磊. 新时期高校管理与发展路径探索[M]. 北京: 中国政法大学出版社, 2021.

[2] 石宏伟. 新时代高校管理育人理论与实践[M]. 镇江: 江苏大学出版社, 2021.

[3] 孟天义. 走进研究性学习[M]. 北京: 中国国际广播出版社, 2021.

[4] 安永锋. 研究性学习实践[M]. 北京: 光明日报出版社, 2016.

[5] 彭锻华, 刘晓晴. 研究性学习基础[M]. 广州: 广东人民出版社, 2015.

[6] 白宇飞. MOOC宏观研究与微观探索[M]. 北京: 对外经济贸易大学出版社, 2015.

[7] 李媛. 基于MOOC推进大学课堂教学改革策略探讨[D]. 桂林: 广西师范大学, 2015.

[8] 何鸣皋, 谢志昆. 混合式教学设计 基于MOOC（慕课）的SPOC教学改革实践[M]. 昆明: 云南大学出版社, 2018.

[9] 耿煜, 苑嗣强. 计算思维导向下MOOC+SPOC混合教学模式的计算机基础课程改革研究[M]. 北京: 中国商业出版社, 2018.

[10] 刘培国, 唐波, 黄海风, 等. MOOC教学方法与实践[M]. 北京: 电子工业出版社, 2017.

[11] 梁哲. 翻转课堂校本化研究[M]. 长春: 吉林人民出版社, 2019.

[12] 冷静. 翻转课堂的基础理论与高校教学实践[M]. 厦门: 厦门大学出版社, 2021.

[13] 陈晓丽. 高校英语慕课与翻转课堂教学模式研究[M]. 成都: 电子科技大学出版社, 2017.

[14] 张守宇. MOOC风暴中的高校本科教学改革研究[D]. 开封: 河南大学, 2015.

[15] 李媛. 基于MOOC推进大学课堂教学改革策略探讨[D]. 桂林: 广西师范大学, 2015.

[16] 贾楠. 基于翻转课堂的高校教学模式改革研究[D]. 大连: 辽宁师范大学, 2017.

[17] 曾颖. 浅析当前背景下高校大学生管理的问题分析与对策探讨[J]. 山西青年, 2022(18): 154–156.

[18] 刘占凯. 信息化背景下高校学生管理创新思路研究[J]. 办公自动化, 2022, 27(18): 62–64.

[19] 韩苉芳. 大数据视域下的高校学生管理工作创新策略[J]. 产业与科技论坛, 2021, 20(22): 260–261.

[20] 朱玲. 高校学生管理信息化建设途径探究[J]. 教育信息化论坛, 2021(5): 58–59.

[21] 刘庆. 高校学生管理中存在的问题与应对策略研究[D]. 南京: 东南大学, 2019.

[22] 徐爱君, 刘延华, 朱永慧. 关于翻转课堂的本土化应用思考[J]. 山东广播电视大学学报, 2015(1): 81–83.

[23] 冯雪花. 翻转课堂在高校课堂教学中的应用分析[J]. 大学教育, 2019(4): 43–45.

[24] 张淳, 胡佳楠. 基于翻转课堂的高校实践教学改革与探索[J]. 中国成人教育, 2017(3): 95–97.